Aldo Arantes

Domínio das Mentes

do golpe militar à guerra cultural

KOTTER
EDITORIAL

Coordenação editorial: Sálvio Nienkötter
Editor-executivo: João Lucas Dusi
Editor-assistente: Claudecir de Oliveira Rocha
Capa: Jussara Salazar
Design editorial: Carlos Garcia Fernandes
Produção: Cristiane Nienkötter
Preparação de originais: O Autor
Revisão: Maria Lucília Ruy

Dados Internacionais de Catalogação na Publicação (CIP)
Angelica Ilacqua CRB-8/7057

V357a

Arantes, Aldo
Domínio das Mentes: do golpe militar à guerra cultural / Aldo Arantes. – 1 ed. – Curitiba : Kotter editorial, 2024.
264 p.

ISBN 978-65-5363-077-6

1. Ciência política. I. Título

CDD 320

24-4287

Kotter Editorial Ltda.
Rua das Cerejeiras, 194
CEP: 82700-510 - Curitiba - PR
Tel. + 55(41) 3585-5161
www.kotter.com.br | contato@kotter.com.br

Feito o depósito legal
1ª Edição
2024

Aldo Arantes

Domínio das Mentes

do golpe militar à guerra cultural

Dedico este livro aos meus filhos, André e Priscila, e à minha esposa, Delaíde, que sempre apoiaram e estimularam minhas atividades.

Sumário

Parte II
A luta ideológica democrática

"O poder instrumentário não confronta a democracia, e sim a erode a partir de seu interior, correndo as aptidões e a autocompreensão humana requeridas para manter uma sociedade democrática.
O monstruoso colosso antidemocrático e anti-igualitário do capitalismo de vigilância é mais bem descrito como um golpe vindo de cima guiado pelo mercado".

(Shoshana Zuboff)

"Não é a forma das coisas que devemos nos ater, e sim ao seu espírito. O real é o que importa, não o aparente. Na política o real é o que não se vê".

(José Martí)

Prefácio

Corações, mentes e mãos: a luta ideológica segundo Aldo Arantes

João Cezar de Castro Rocha

Corações

O novo livro de Aldo Arantes, *Domínio das Mentes*, aprofunda o trabalho pioneiro do militante de muitas décadas, do deputado constituinte de 1988, do lutador infatigável, sempre disposto a batalhar pelos ideais nos quais acredita com a determinação que definiu seu perfil e suas ações.[1]

[1] Para um conhecimento mais adequado de sua trajetória, ver a autobiografia *Alma em fogo: Memórias de um militante político*. São Paulo: Fundação Maurício Grabois / Anita Garibaldi, 2013.

No campo progressista e nas correntes da esquerda democrática, Aldo Arantes destaca-se pela aguda percepção da centralidade, em seus termos, "da luta ideológica" no mundo contemporâneo. Poucos entenderam como ele a habilidade com que a extrema-direita transnacional, com o propósito de chegar ao poder político por meio de eleições livres, apropriou-se dos instrumentos tornados disponíveis pelo universo digital e pelo mundo das redes sociais. Isto é, a extrema-direita aprendeu, e muito bem, a conquistar os corações de parcelas consideráveis do eleitorado, sobretudo entre os mais jovens. Constatação desoladora, porém obrigatória para que se possa encarar o verdadeiro desafio. Ademais, é imperioso que se reconheça a força do adversário. Caso contrário, será difícil evitar o erro mais comum: "A subestimação dessa dimensão da luta, pela esquerda brasileira, facilitou o crescimento e vitória eleitoral da direita neofascista. E explica a continuidade da força do bolsonarismo mesmo após tudo que o ex-presidente fez".[2]

A fim de apreender o fenômeno em sua totalidade, Aldo Arantes deu um primeiro passo na organização do volume *Reconstruir a democracia*, cujo subtítulo é a mais completa tradução de um dos eixos fundamentais do livro que ora se lança: "União de amplas forças políticas e sociais para a luta ideológica". Coletânea generosa, de ambição interdisciplinar, e que reúne da neurociência à ciência política, da análise do discurso ao exame antropológico do presente, da tecnologia da informação à operação do algoritmo no cotidiano planetário. Arantes organizou um panorama abrangente para o entendimento do dilema atual: "No Brasil a extrema-direita conquistou uma expressiva hegemonia de suas ideias, atingindo amplos segmentos da sociedade, garantiu a vitória eleitoral de Bolsonaro e organizou uma corrente política de extrema-direita, o bolsonarismo".[3] Nesse sentido, *Domínio das Mentes* é sua mais recente contribuição para o enfrentamento da luta ideológica.

---

[2] Ver, neste livro, p. 34.

[3] Aldo Arantes (org.). *Reconstruir a democracia*. União de amplas forças políticas e sociais para a luta ideológica. São Paulo: Expressão Popular / Fundação Maurício Grabois, 2021, p. 16-17.

Passo a passo – portanto.

Afinal, a lição de Antonio Machado nunca foi tão urgente: "Caminante, no hay camino, se hace camino al andar".

Mentes

A consulta ao sumário deste livro esclarece a estratégia e a singularidade do autor.

De um lado, um mergulho vertical nas origens do problema da luta ideológica, assim como sua inserção no contexto do capitalismo contemporâneo em suas mutações estruturalmente associadas às inovações propiciadas pelo advento do universo digital. O capítulo V, *Nova forma de capitalismo*, é o exemplo acabado do método adotado por Aldo Arantes. Em cada capítulo, o autor remonta às causas primeiras do fenômeno, a fim de caracterizar os desdobramentos da atual conjuntura, incluindo em sua reflexão o "papel da psicologia social e da neurociência na luta ideológica". Nas palavras do autor, "O controle das mentes é exercido por estímulos, positivos ou negativos, realizados através dos neurônios que liberam a dopamina"[4]. Lição das coisas: Carlos Drummond de Andrade leitor de Karl Marx: primeiro, entender o mundo da forma a mais completa possível. Mas, claro está, não para a escrita de livros acadêmicos, porém para transformar o mundo que finalmente se decifrou.

De outro lado, uma intervenção concreta no presente com base nos estudos oferecidos neste livro. O capítulo VIII, *Plano pragmático de luta ideológica*, não deve ser lido como um apêndice, como se fosse um mero adendo ao conteúdo do livro. Pelo contrário, no fundo, *Domínio das Mentes* só adquire pleno sentido nesse último capítulo. Em outras palavras, a reflexão rigorosa não se opõe obrigatoriamente à ação política, o estudo diligente não paralisa a mobilização da sociedade. A urgência da escrita salta aos olhos; é como se as palavras desejassem passar do papel às ruas, do gabinete às passeatas. "A praça é do povo", recordou o poeta

[4] Ver, neste livro, p. 169.

condoreiro, assim como o discurso é das avenidas, completa o deputado constituinte.

Vale a pena destacar a estrutura agônica do capítulo VIII, autêntica logomaquia, redigido na forma de uma série de duelos verbais. Mas não se pense num conjunto hipotético de oposições, como se estivéssemos diante do modelo medieval da *disputatio*. Nada mais distante do objetivo de Aldo Arantes, pois os pares de oposição remetem à circunstância bélica do presente globalizado. O índice de contrários equivale a uma enciclopédia das estratégias discursivas da extrema-direita transnacional. O primeiro termo esclarece a posição progressista, a ser empregada contra as falácias da extrema-direita. Vejamos somente o primeiro par: *Desenvolvimento com distribuição de riqueza versus Juros altos com concentração da renda*. Estrutura agônica que deve conduzir da leitura às ruas.

Da teoria à prática – portanto.

Práxis – como um dia se disse.

Mãos

Recentemente o Papa Francisco adicionou com inteligência uma variável à famosa equação: "Conquistar corações e mentes". Ou seja, nos termos do livro de Aldo Arantes, conquistar corações para dominar mentes, lançando mão do afeto como instrumento político para a tomada do poder.

Nada de novo sob o sol? Não exatamente: o Papa Francisco reinventou a fórmula com argúcia: "Conquistar corações, mentes e *mãos*". As mãos ocupadas todos os dias, o dia todo; mãos reféns das redes sociais, dependentes por vezes em níveis patológicos do universo digital. O alcance dessa transformação pode ser mais bem avaliado por meio de uma comparação. Em 1605, Miguel de Cervantes inaugurou o romance moderno principiando pela identificação da materialidade de um novo e poderoso meio de comunicação. As palavras iniciais do "Prólogo" de *Dom Quixote* são decisivas: "Desocupado leitor: podes crer, sem juramentos, que eu gostaria que este livro, como filho da inteligência, fosse o mais formoso, o mais galhardo e o mais arguto que se pudesse imaginar."[5]

Eis o contexto permitido pela tecnologia dos tipos móveis; o texto impresso, na forma do livro, estimulava a leitura silenciosa; a leitora, pela primeira vez, sozinha em sua casa, às voltas com a própria imaginação. As consequências dessa constelação ajudaram a criar a literatura moderna, pois transferiu uma responsabilidade até então inédita na constituição do sentido da narrativa ao ato de leitura:

> (...) estás em tua casa, onde és senhor, como o rei de seus tributos, e sabes que cada um pensa o que bem quiser, ou não se costuma dizer que 'embaixo do meu manto o rei mato'? Tudo isso te isenta e te deixa livre de todo respeito e obrigação, de modo que podes dizer tudo aquilo que pensares da história, sem medo de que te caluniem pelo mal ou te premiem pelo bem que disseres dela[6].

Se não estivesse "desocupado", esse modelo de leitor não seria possível. Aqui, percebe-se a agudeza da observação do Papa Francisco, "conquistar as mãos", especialmente das gerações mais jovens. Esse é o passo indispensável para estar à altura da mais importante luta ideológica desde a Guerra Fria.

Não se trata de exagero: as mãos permanentemente ocupadas com telas nos mais diversos suportes acenam para a realidade da guerra cultural nas décadas iniciais do século XXI. Pertence ao passado um tipo de operação centralizada e controlada por poderosas agências estatais. A luta ideológica é travada hoje em dia sem cessar e, o que é ainda mais importante, potencialmente ela é levada adiante por qualquer pessoa que disponha de um aparelho conectado à internet. Tornada multicêntrica e difusa, a luta ideológica é por isso mesmo a cada dia mais decisiva na definição da paisagem política contemporânea.

---

[5] Cervantes Saavedra, Miguel de. *Dom Quixote*. Tradução de Ernani Ssó. São Paulo: Penguin / Companhia das Letras, 2012, p. 41.

[6] Idem, p. 42.

Domínio das Mentes é um livro-manifesto, um ensaio-convite-à-ação. Antes que seja tarde – convém acrescentar.

Fiel à formação marxista, Aldo Arantes buscou inspiração na já aludida XI das *Teses sobre Feuerbach*:

> Não é suficiente analisar a realidade. É necessário transformá-la. Por isso sugiro um plano de luta ideológica democrático[7].

Hora, pois, de abrir o livro. Ao final da leitura, encontro marcado?

[7] Ver, neste livro, p. 193.

Apresentação

A elaboração deste livro tem por objetivo contribuir com o aprofundamento do estudo sobre a Guerra Cultural da extrema-direita e com sugestões para a elaboração de alternativas para reconstruir a hegemonia cultural e ideológica das forças democráticas e progressistas na sociedade.

Venho estudando esse tema há algum tempo por considerar que a Guerra Cultural da direita neofascista é uma das maiores ameaças à democracia e ao êxito da reconstrução do País.

A procura de livros de autores de esquerda sobre a Guerra Cultural, não encontrei nenhum. Depois de muita pesquisa, descobri que o professor de literatura João Cezar de Castro Rocha, da Universidade Estadual do Rio de Janeiro, estava escrevendo um livro intitulado *Guerra Cultural e Retórica do Ódio*.

Tal livro foi lançado, em uma *live*, pela Associação de Advogados e Advogadas pela Democracia, Justiça e Cidadania (ADJC), entidade que dirijo.

Dando sequência aos estudos sobre a Guerra Cultural, organizei o livro *Reconstruir a Democracia – união de amplas forças políticas e sociais para a luta ideológica* juntamente com o Grupo Interdisciplinar de Pesquisas sobre a Guerra Cultural. O livro conta com os artigos: *As guerras híbridas entre golpes brandos e rígidos: a luta cultural como centro do raciocínio militar imperialista*, de autoria de João Paulo Santos, Antônia Mara Vieira Loguércio, Rodrigo Duarte Maia e Guilherme da Hora Pereira; *Tecnologia do século XXI*, de Lúcio Flávio de Castro Dias; *Para chegar a ser humano: conhecer e reconhecer os sujeitos brasileiros*, de Marcos Ferreira, Paulo Maldos, Ana Bock e José Moura Gonçalves Filho; *Guerra Cultural e neurociências*, de Sidarta Ribeiro; *As plataformas de redes sociais*, de Renata Mielli e Leandro L. Loguércio; *Nunca a técnica foi tão política: somos todos* hackers, de Beatriz Tibiriçá, Fabianne Balvedi, Everto Rodrigues e Marcus Ferreira; *Operação Lava Jato e relações externas*, de Carol Proner; *O uso do direito como arma política: guerra jurídica como guerra cultural*, de Enoque Feitosa, Lorena Feitosa e Mamede Said Maia Filho; *A luta do povo e o jaburu como símbolo nacional*, de Osvaldo Bertolino; *Bolsonaro e bolsonarismo após as eleições municipais e a eleição de Trump*, de Aldo Arantes; e *O paradoxo do bolsonarismo: a arquitetura da destruição*, de João Cezar de Castro Rocha.

No final da obra, foi apresentada uma proposta de plano de luta ideológica dirigida aos setores democráticos e progressistas. O livro *Reconstruir a Democracia* foi de grande valia para a elaboração da presente obra, que pretende aprofundar a contribuição dada no livro anterior.

Destaco que, na elaboração do livro *DOMÍNIO DAS MENTES – Do golpe militar à Guerra Cultural*, fiz uso de obras que elaborei, ou organizei, anteriormente, em particular da já citada *Reconstruir a Democracia*, sobretudo em relação à proposta de plano de luta ideológica, agora atualizado.

A ideia de elaborar o presente exemplar surgiu no Congresso dos Advogados Luso-Brasileiro de Direito do Trabalho, realizado em Lisboa, nos dias 26 e 27 de abril do corrente ano. Na oportunidade houve um debate sobre o papel das redes sociais na advocacia, tendo surgido acirrado confronto de ideias sobre o tema.

Com isso, percebi a importância de aprofundar os estudos sobre a Guerra Cultural, surgindo a ideia da presente obra.

O livro inicia-se apresentando os fundamentos teóricos da obra, baseados nas formulações do italiano marxista Antônio Gramsci sobre o papel da luta de ideias na construção da hegemonia cultural e política, para assegurar a conquista e a manutenção do poder.

No Capítulo II, analiso o NEOLIBERALISMO E O CAPITALISMO DE PLATAFORMA, dando destaque a: Crise do capitalismo e neoliberalismo, Neoliberalismo e concentração da renda, Neoliberalismo e Direitos Trabalhistas, Neoliberalismo e fascismo e a Figura do inimigo interno e Estado autoritário.

No Capítulo III, estudo as ORIGENS DAS IDEIAS DA EXTREMA-DIREITA, analisando o Conservadorismo nos EEUU, Neoliberalismo e o combate às ideias progressistas, Neoliberalismo e Estado, Neoliberalismo e Direitos Fundamentais e Democracia e capitalismo.

GUERRA CULTURAL E CONQUISTA DAS MENTES é o conteúdo do Capítulo IV que trata da Nova forma de golpe, Guerra Cultural no Brasil, os empresários neofascistas e a luta ideológica, os evangélicos neofascistas e a luta ideológica, os militares neofascistas e a luta ideológica e os políticos neofascistas e a luta ideológica.

A NOVA FORMA DE CAPITALISMO é analisada no Capítulo V e aborda o Capitalismo de plataforma, a Inteligência Artificial, as *fake news* e a *lawfare* e o papel da psicologia social e da neurociência na luta ideológica.

A partir dessas análises, sugiro um plano de luta ideológica com questões relacionadas à economia, a política, educação, saúde, cultura, direitos humanos, meio ambiente, entre outros. E um plano de luta ideológica em torno das questões suscitadas no dia a dia.

Finalizo, sugerindo caminhos para a luta ideológica democrática.

Como anexo, incorporo um texto sobre o socialismo renovado, que considero oportuno para o enfrentamento da luta ideológica que a extrema-direita trava contra o socialismo.

Agradeço pelas valiosas contribuições da professora Madalena Guasco, da advogada Carolina Arantes Araujo Costa, do professor Cristiano Capovilla, da ministra Delaíde Miranda Arantes, do professor André Arantes, da professora Priscila Almeida Cunha Arantes, da artista plástica Lynn Carone e da engenheira de Produção Mariana de Lourdes Matheus.

As sugestões contribuíram para aprofundar e esclarecer alguns aspectos importantes do trabalho.

Introdução

O Brasil e o mundo enfrentam uma distopia. Milhões de pessoas tiveram suas mentes conquistadas pelo negacionismo da ciência e da história. A democracia e os direitos sociais estão sendo vilipendiados.

Esse processo ocorreu, inicialmente, através da defesa do mercado, do combate ao papel do Estado na economia, do anticomunismo, do combate às ideias progressistas e democráticas. O objetivo era enfraquecer política e idelogicamente a esquerda e fortalecer a extrema-direita, visando construir a hegemonia das ideias do neoliberalismo.

Tal movimento ocorreu lentamente. No entanto, com o surgimento das redes sociais, ele foi acelerado, criando as condições para a formação de uma poderosa rede de comunicação em defesa das ideias conservadoras.

No passado as forças reacionárias e de extrema-direita apoderavam-se do poder através de golpes militares. Agora o fazem através da Guerra Cultural, com a conquista das mentes das pessoas. Assim, foram vitoriosas em eleições de inúmeros países ao redor do mundo.

Esta publicação tem como objetivo contribuir para o esclarecimento desse movimento e sugerir medidas para a retomada da hegemonia das ideias democráticas e progressistas na sociedade.

Parte I

Contribuição para entender a Guerra Cultural

Capítulo I

Fundamento teórico

Gramsci e a luta de ideias

Tomei como base teórica, na elaboração deste texto, as formulações de Gramsci sobre a cultura e a luta de ideias para a conquista da hegemonia cultural e ideológica, enriquecidas e atualizadas por Raymond Williams.

Um conceito central para Gramsci é a hegemonia, movimento de construção política de um grupo social, que começa na sociedade civil e termina na sociedade política. A obtenção da hegemonia tem um objetivo específico, que é a aplicação de um projeto político para todo o conjunto da sociedade. Da mesma forma que sociedade civil e sociedade política se constituem como um par dialético, também a hegemonia que, fundamentalmente, diz respeito à sociedade civil, só pode culminar com a chegada ao Estado, com a conquista da possibilidade da dominação.

Gramsci desenvolve e atualiza o que está colocado por Marx, em *Ideologia Alemã*, sobre o domínio ideológico da classe dominante e a forma como se dá a luta ideológica como parte fundamental da luta de classes.

A partir da década de 1990, autores debruçaram-se sobre as novas formas de luta de classes. Fredrik Jameson considera que, com o desenvolvimento do capitalismo e a sua crise, a luta cultural assumiu maior importância na luta de classes em relação à luta econômica e política.

A hegemonia, portanto, é o meio pelo qual as classes dominantes exercem a dominação, visando à imposição de seu projeto econômico e político, sobre os diversos grupos sociais, combinando coerção com coesão. A coerção é exercida no âmbito do Estado, através do uso da força, e a coesão, no âmbito da sociedade civil, através da persuasão.

A obtenção da coesão ocorre com a difusão da ideologia dominante junto à sociedade. Ela é construída por meio da imprensa, das universidades, das igrejas, enfim pelos meios de transmissão da ideologia dominante.

No passado a coerção era o fator determinante no exercício do poder. Nas sociedades modernas, com a criação de importantes meios de comunicação, como a imprensa, ela passou a ter um papel decisivo para o exercício do domínio. Mas a coerção já não é suficiente para assegurar o domínio das classes dominantes.

O objetivo da conquista da hegemonia visa impor o projeto econômico, social e político que expresse os interesses da classe hegemônica. No passado essa imposição era feita sobretudo pela força e secundariamente pelo consenso. Hoje a situação inverteu-se e ela se dá principalmente pelo consenso, através da conquista da hegemonia.

Outro conceito importante para Gramsci é o de bloco histórico. O bloco histórico é uma construção histórica da dominação de classe que se inicia na estrutura econômica e segue em direção às sociedades civil e política.

O bloco histórico é, pois, a aliança de classes que se forma para o exercício do domínio. Ele expressa o projeto econômico e político das classes dominantes, construído através da coerção e da coesão.

Em situações normais, o bloco histórico se expressa através da hegemonia. Todavia, em determinada situação de crise da hegemonia, de forma transitória, a dominação pode adotar uma faceta ditatorial como maneira de assegurar a dominação de classes.

Uma questão importante a notar é que o bloco histórico tem início na economia, pois aí residem os interesses fundamentais das classes dominantes. Depois segue em direção à sociedade civil e à sociedade política.

Gramsci desenvolveu a teoria marxista do Estado, nas condições do capitalismo, ao formular a Teoria Ampliada do Estado. Ele constatou que, nessas novas condições, com os aparelhos privados de hegemonia, cria-se uma nova situação em que o domínio é exercido pela coerção do Estado e pela coesão, através da busca do consenso.

Sobre a Teoria Ampliada do Estado, Carlos Nelson Coutinho afirma:

> "Portanto, o Estado em sentido amplo, com 'novas determinações', comporta duas esferas principais: a sociedade política (que Gramsci também chama de 'Estado em sentido estrito' ou de 'Estado coerção' que é formado pelo conjunto dos mecanismos através dos quais a classe dominante detém o monopólio legal da repressão e da violência, e que se identifica com os aparelhos de coerção sob o controle das burocracias executivas e policial-militar; e a sociedade civil formada precisamente pelo conjunto das organizações responsáveis pela elaboração e ou difusão das ideologias, compreendendo o sistema escolar, as Igrejas, os partidos políticos, os sindicatos, as organizações profissionais, a organização material da cultura (revistas, jornais, editoras, meios de comunicação de massa) etc."[1].

A sociedade política é expressa pelo Estado, que, com o controle da máquina estatal e do aparelho coercitivo, impõe a coerção, e a sociedade civil, que com seus aparelhos ideológicos visa construir o consenso, são as duas dimensões que asseguram o domínio de classe. Trata-se da hegemonia revestida de coerção.

[1] Coutinho, Carlos Nelson. *Gramsci* – Fontes do pensamento político. Porto Alegre: L&PM, 1981, p. 91.

Gramsci registrou um fato novo: nas sociedades capitalistas avançadas a esfera ideológica ganhou uma autonomia material, e não só funcional em relação ao Estado.

Na teoria marxista sobre o Estado, desenvolvida por Lênin, o aspecto principal da dominação de classe era exercido pela coerção. O conceito ampliado de Estado dá ênfase à coesão, fruto das novas condições com o surgimento de novos mecanismos privados de dominação ideológica.

Em Gramsci, o Estado, em sentido estrito, ou Estado-coerção, é formado pela burocracia e pelo aparato legal e repressivo. E a sociedade civil, encarregada da difusão ideológica, composta pelo sistema escolar, igrejas, partidos políticos, organizações profissionais e a organização material da cultura: jornais, revistas, editoras, meios de comunicação de massa. Para Gramsci, portanto, o Estado é sociedade política mais sociedade civil, ou seja, a hegemonia revestida de coerção.

Com base em suas formulações, Gramsci ressaltou a importância da luta de ideias nas sociedades de capitalismo desenvolvido para a conquista da hegemonia e, com isso, para a imposição do projeto econômico e político dos detentores da hegemonia.

> "Gramsci pôde formular, de modo positivo, a sua proposta de estratégia para os países 'ocidentais': nas formações 'orientais', a predominância do Estado-coerção impõe à luta de classes uma estratégia de ataque frontal, uma 'guerra de movimento', voltada diretamente para a conquista e conservação do Estado em sentido restrito; no 'Ocidente', ao contrário, as batalhas devem ser travadas inicialmente no âmbito da sociedade civil, visando à conquista de posições e espaços (guerra de posição), da direção político-ideológica e do consenso dos setores majoritários da população, como condição para o acesso ao poder de Estado e sua posterior conservação"[2].

Gramsci analisou as diferentes estratégias a serem adotadas pelo proletariado na luta pela conquista e o controle do poder. E mostrou que, nos Estados onde predomina a coerção, a estratégia é

[2] Coutinho, Carlos Nelson. *Op. cit.*, p. 103.

o ataque frontal, como ocorreu na Rússia czarista. Já nos países mais desenvolvidos, onde foram construídos importantes mecanismos privados de dominação ideológica, as batalhas devem se iniciar no âmbito da sociedade civil visando à conquista de posições e espaços para a disputa político-ideológica.

E destaca a importância da frente cultural-ideológica ao lado das frentes econômicas e políticas. Assim, Gramsci estabelece uma nova estratégia para a tomada e conservação do Estado nas sociedades capitalistas desenvolvidas.

> "O critério central para a decisão da crise é a iniciativa dos sujeitos políticos coletivos, a capacidade de fazer política, de envolver grandes massas na solução de seus próprios problemas, de lutar cotidianamente pela conquista de espaços e posições, sem perder de vista o objetivo final de promover transformações de estrutura que ponham ponto final à formação econômico-social capitalista"[3].

Fica, pois, evidente que a conquista do poder passa por envolver grandes massas na luta quotidiana visando às transformações estruturais do sistema capitalista.

Gramsci destaca a importância de combinar a luta no terreno ideológico-cultural com a luta econômica e política. Importante lição, pois se essa questão já estava posta em sua época, agora, com as redes sociais, onde a Guerra Cultural deu nova dimensão à luta ideológica, tal questão torna-se mais relevante. Na realidade, a subestimação da luta ideológica facilitou o avanço da extrema-direita.

O esforço de dar uma resposta às particularidades da luta ideológica, nos dias de hoje, foi desenvolvido por Raymond Williams.

Analisando a questão da hegemonia, Fábio Palácio afirma que a obra de Raymond Williams

> "deu novo impulso à ideia de hegemonia, representa, sob muitos aspectos, um desenvolvimento do pensamento gramsciano,

[3] Idem, p. 108.

a ponto de podermos identificar um eixo Gramsci-William na abordagem dos problemas da cultura"[4].

Williams desenvolve o conceito de marxismo cultural definido pelo autor como:

> "(...) a abordagem histórica renovada dos fenômenos da cultura. Trata-se da tentativa de unir dois conceitos de vocação totalizante – história e cultura – na elaboração de uma visão teórica de conjunto acerca dos novos e complexos problemas impostos pela evolução do capitalismo, bem como por suas contratendências"[5].

Vale destacar os ataques que a extrema-direita tem feito ao marxismo cultural. Conforme Olavo de Carvalho,

> "Em poucas décadas, o marxismo cultural tornou-se a influência predominante nas universidades, na mídia, no show business e nos meios editoriais do Ocidente. Seus dogmas macabros, vindos sem o rótulo de 'marxismo', são imbecilmente aceitos como valores culturais supraideológicos pelas classes empresariais e eclesiásticas cuja destruição é o seu único e incontornável objetivo. Dificilmente se encontrará hoje um romance, um filme, uma peça de teatro, um livro didático onde as crenças do marxismo cultural, no mais das vezes não reconhecidas como tais, não estejam presentes com toda a virulência do seu conteúdo calunioso e perverso"[6].

O virulento ataque ao marxismo e sua demonização faz parte do anticomunismo retrógrado desses setores. Ataque esse que não é novo. Ocorreu no período anterior, durante e posterior ao fascismo. E teve grande repercussão durante a Guerra Fria.

Cabe destacar que o conceito de marxismo cultural utilizado por Olavo de Carvalho e seus seguidores, em sua propaganda

[4] Palácio, Fábio. *Sob o Céu de Junho* – as manifestações de 2013 à luz do materialismo cultural. São Paulo: Autonomia Literária, 2013, p. 62.

[5] Idem, p. 52.

[6] Carvalho, Olavo de. Do marxismo cultural. *O Globo*, 08 de junho de 2002.

anticomunista, obviamente nada tem a ver com o conceito de marxismo cultural de Raymond Williams.

Williams cunha o inovador conceito de estrutura de sentimento (*structure of feeling*) e afirma que

> "a estrutura de sentimento é a cultura real de um período – o resultado vivo particular de todos os elementos da organização social"[7].
> "A noção de estrutura de sentimento constitui, assim, a pedra de toque da compreensão de Williams sobre o conceito gramsciano de hegemonia (...), diz respeito às relações entre estrutura de sentimento, geração e classes sociais. Como fica nítido desde o primeiro momento, a principal referência do conceito é geracional"[8].

Conforme explica o autor, a elaboração de Williams sobre a estrutura de sentimento é um desenvolvimento da concepção de Gramsci sobre a hegemonia. Nesse conceito está contido um elemento decisivo na luta ideológica dos dias atuais, o sentimento expresso através do ódio, da violência, do medo e da fé.

A esquerda, em geral, foca muito na razão, subestimando o sentimento. É evidente que é através da razão que se pode explicar um programa de lutas. Todavia há que se levar em conta que, através do sentimento, atinge-se milhões de pessoas. Há, assim, que combinar a razão com o sentimento. Em determinadas camadas sociais, o apelo ao sentimento atinge mais do que o apelo à razão. A razão, a ciência a história são fundamentos básicos para a construção de um pensamento democrático e progressista.

Williams destaca ainda que

> "É assim que as forças dominantes precisam apoiar seu poder na agitação de ideias, na propagação de visões de mundo e na criação de correntes mais ou menos vincadas, capazes de solidificar seus interesses e pontos de vista na sociedade civil (...). Do ponto de vista das bandeiras, eles se limitam a reivindicações por 'mais democracia', 'contra a corrupção' e

[7] Palácio, Fábio. *Op. cit.*, p. 71.

[8] Idem, p. 77.

> o 'burocratismo estatal' sem jamais questionar a desigualdade galopante, o consenso neoliberal, as estruturas iníquas do poder global, enfim, as injustiças do sistema capitalista"[9].

Aqui se situa um dos pontos fracos na propaganda da extrema-direita: ela não toca nas questões da desigualdade social. E, com a teologia da prosperidade, tenta justificar a pobreza por razões de cunho individual e não social.

O escritor ressalta que

> "Nos últimos anos, o modelo subjacente das revoluções coloridas alcançou novo impulso com a incorporação crescente do ciberativismo – utilização, em campanhas e mobilizações políticas, de novas tecnologias de informação e comunicação materializadas em plataformas como Facebook, Instagram, YouTube, Twitter, entre outras"[10].
> "As manifestações de 2013 (no Brasil) marcam a entrada em cena de uma nova geração política. Ela sai às ruas sob um novo 'céu', isto é, sob uma atmosfera alterada, prenhe de novas formas de pensar, sentir a agir (...), como define Williams, um inédito 'padrão de impulsos, restrições, tons' – ou em outras palavras, uma nova estrutura de sentimentos"[11].

Além de pontuar o papel do ciberativismo na luta ideológica atual, Fábio Palácio demonstra que, nas manifestações de 2013, surge uma nova geração política com novas formas de pensar, sentir e agir.

A atualização do pensamento de Gramsci contribuiu para dar uma resposta aos fenômenos decorrentes da nova fase do desenvolvimento do capitalismo.

Sua formulação sobre a estrutura de sentimento corresponde à fase em que, na luta ideológica, a emoção e o sentimento se sobrepõem à razão. Por isto mesmo as *fake news* apelam essencialmente para a emoção, o medo.

---

[9] Palácio, Fábio. *Op. cit.*, p. 90.
[10] Idem, p. 95.
[11] Idem, p. 258.

O autor mostra que a estrutura de sentimento corresponde à cultura real de determinado momento, implicando em "padrão de impulsos, restrições, tons".

Williams mostra que a estrutura de sentimentos se expressa principalmente junto à juventude.

A síntese desse capítulo relaciona-se aos conceitos sobre o Estado ampliado, bloco histórico e hegemonia, desenvolvidos por Gramsci, fundamentos teóricos deste livro. A partir deles, ele formula a importância da luta de ideias para a conquista da hegemonia, mostrando que essa dimensão da luta já era fundamental na fase do capitalismo em que ele viveu.

Na teoria marxista sobre o Estado, desenvolvida por Lênin, o aspecto principal da dominação de classe era exercido pela coerção. O conceito ampliado de Estado dá ênfase à coesão, fruto das novas condições com o surgimento de novos mecanismos privados de dominação ideológica.

Em Gramsci o Estado, em sentido estrito, ou Estado-coerção, é formado pela burocracia e pelo aparato legal e repressivo. E a sociedade civil, encarregada da difusão ideológica, composta pelo sistema escolar, igrejas, partidos políticos, organizações profissionais e a organização material da cultura: jornais, revistas, editoras, meios de comunicação de massa.

Para Gramsci, portanto, o Estado é sociedade política mais sociedade civil, ou seja, a hegemonia revestida de coerção.

Tais concepções foram atualizadas por Raymond Williams que formulou o conceito de estrutura de sentimento (*structure of feeling*) captando as manifestações dos sentimentos, incidindo fortemente nas redes sociais, sobretudo junto à juventude. E Williams desenvolve o conceito de marxismo cultural definido pelo autor como "a abordagem histórica renovada dos fenômenos da cultura".

A sua elaboração sobre a estrutura de sentimento é um desenvolvimento da concepção de Gramsci sobre a hegemonia. Nesse conceito está contido um elemento decisivo na luta ideológica dos dias atuais: o sentimento expresso através do ódio, da violência, do medo e da fé. Williams mostra que a estrutura de sentimentos se expressa principalmente junto à juventude.

Tal fundamentação teórica ajuda a explicar como a extrema-direita conquistou a hegemonia político-ideológica em vários países do mundo.

E ressalta o papel da luta ideológica para a conquista da hegemonia ideológica e cultural como necessidade para a conquista e manutenção do poder político.

A subestimação dessa dimensão da luta, pela esquerda brasileira, facilitou o crescimento e vitória eleitoral da direita neofascista. E explica a continuidade da força do bolsonarismo mesmo depois de tudo o que fez o ex-presidente.

Capítulo II

Neoliberalismo e capitalismo de plataforma

"O neoliberalismo já não pode satisfazer apenas com o ataque aos direitos sociais e econômicos. Começou a também a atacar os próprios direitos civis e políticos. Isto é, o próprio núcleo básico da democracia liberal (...), o modelo de capitalismo que hoje domina é cada vez mais incompatível com a democracia, mesmo a democracia de baixa intensidade".

(Boaventura de Souza Santos)

1. Crise do Capitalismo e Neoliberalismo

A construção da hegemonia das classes dominantes começa pela economia. E, então, é essencial analisar o desenvolvimento da economia capitalista para identificar as raízes da atual hegemonia ideológica das classes dominantes.

Em meados de 1970, a ordem econômica do pós-guerra entrou em estagnação com a queda de lucro, a superprodução, a queda da produtividade e o desemprego. Entre 1950 e 1970, a taxa média de lucros nos Estados Unidos, que era de 24,35%, em 1993 caiu para 14,5%. Na Alemanha caiu de 23,1% para 10,9% e, no Japão, de 40,4% para 20,4%. Tais números são indicativos da gravidade da crise, já que as taxas de lucro são decisivas para a acumulação capitalista.

Também houve uma queda na taxa média anual do Produto Interno Bruto (PIB). Entre 1960 e 1973, nos Estados Unidos, o PIB era de 4%; no Japão, 9,2%; e na Alemanha, 4,3%. E, em relação à taxa média de crescimento, entre 1973 e 1979, nos Estados Unidos, houve uma queda para 2,6%; no Japão, para 3,5%; e na Alemanha, 2,4%[12].

Diante da crise, os economistas neoliberais entraram na ofensiva defendendo o livre mercado contra "ideologias coletivistas comunistas e totalitárias", segundo Hayek, papa do neoliberalismo. Eles atacaram, também, a social-democracia e a política econômica keynesiana, com o argumento de que a desigualdade de riqueza e de direitos era necessária ao mercado. Defendiam a redução do papel do Estado, as privatizações, a desregulação da economia e a redução de impostos.

Perry Anderson destacou que o neoliberalismo surgiu "como uma reação teórica e política veemente contra o Estado intervencionista e de bem-estar social", e que tais concepções representavam "um ataque apaixonado contra qualquer limitação dos mecanismos de mercado por parte do Estado, denunciados

---

[12] Brenner, Robert. *The economics of global turbulence*. London: Verso, 2006, p. 235.

como ameaça letal à liberdade, não somente econômica, mas também política"[13].

A implantação da política neoliberal teve impulso decisivo com a chamada "revolução conservadora" da primeira-ministra Margareth Thatcher e do presidente Ronald Reagan, com o objetivo de aumentar a lucratividade das empresas e reativar a economia capitalista.

Em novembro de 1989, foi realizada uma reunião, em Washington, com a participação do FMI, Banco Mundial, Departamento do Tesouro dos Estados Unidos e de economistas neoliberais, na qual foi aprovado o chamado Consenso de Washington que assegurou grande impulso ao neoliberalismo.

O Consenso baseou-se em um texto do economista John Williamson, do *think tank International Institute for Economy*, que propôs dez medidas, entre as quais: taxas de juros definidas pelo mercado. Daí a chamada independência dos bancos centrais. Na verdade, dependência em relação ao mercado. Ou seja, o livre comércio com a liberalização das importações, visando à entrada de produtos estrangeiros. A liberalização do investimento estrangeiro direto interno. A abolição das regulamentações que impediam a entrada no mercado ou restringiam a concorrência.

A segurança jurídica para direitos de propriedade privada, mediante medidas que favorecem a livre circulação de capitais, sem impedimento por parte do Estado, favorece o capital especulativo e os capitais estrangeiros, com prejuízo para a economia popular, o desenvolvimento econômico e a defesa das empresas nacionais.

Tais medidas tornaram-se diretrizes oficiais do Fundo Monetário Internacional (FMI) em 1990 e passaram a ser impostas aos governos da América Latina, incluído o do Brasil, através das chamadas reformas estruturais de caráter neoliberal.

As *Cartas de Intenções* eram compromissos de política econômica assumidos pelos países, como condição para a viabilização

---

[13] Anderson, Perry. Balanço do neoliberalismo. In: Borón, Atílio; Sader, Emir (orgs.). *Pós-neoliberalismo* – As políticas sociais e o Estado Democrático. São Paulo: Paz e Terra, 1995, p. 9

de empréstimos concedidos pelo FMI. Exemplo dos compromissos assumidos pelo governo brasileiro podem ser encontrados na *Carta de Intenções* de janeiro de 1983 que, para "tornar a economia mais eficiente", previa "eliminação dos subsídios e redução da intervenção direta ou indireta do Governo na economia"[14]. E mais: "para que se possa prover a base para uma diminuição da inflação, será necessário colocar em prática uma correta política de reajustes salarias".

A *Carta de Intenções* assinada pelo governo Collor ressaltava que

> "O primeiro grupo de empresas a serem privatizadas dentro dos próximos três anos inclui 10 empresas nos setores petroquímico, siderúrgico e fertilizantes, com um valor total preliminarmente orçado de US$ 13 bilhões líquidos (...), a receita procedente das privatizações será utilizada no resgate da dívida pública"[15].

Fica explícita a ingerência do FMI na política econômica do Brasil, ao impor reajustes salariais, na verdade política de arrocho salarial, ao procurar reduzir o papel do Estado na economia, ao defender privatizações, ao dar prioridade ao combate à inflação e não ao desenvolvimento econômico social.

Sobre esse assunto, assim se expressou a destacada economista Maria Conceição Tavares, falecida recentemente:

> "Só no início de 90, com o governo Color (...) se iniciou o processo de liberalização e desregulamentação financeira que permitiu atrair montantes consideráveis de capital financeiro especulativo (...) o resto das medidas de liberalização – comercial, flexibilização do mercado de trabalho, reformas econômicas e do Estado, e privatizações que constam do catálogo do chamado Consenso de Washington foi executado, de forma acelerada, pelo governo FHC, em menos de 5 anos"[16].

---

[14] Arantes, Aldo. *O FMI e a Nova Dependência brasileira*. São Paulo: Alfa-Ômega, 2002, p. 102.

[15] Idem, p. 120.

[16] Arantes, Aldo. *O FMI e a Nova Dependência Brasileira*. *Op. cit.*, p. 119.

Na esteira do neoliberalismo, cresceu de forma exponencial o capitalismo financeiro deixando a atividade produtiva em segundo plano. Com as altas taxas de juros, passaram a ser mais lucrativas as aplicações no mercado financeiro do que na atividade produtiva.

A crise capitalismo de 2008 impôs a necessidade de adoção de novas medidas para assegurar a rentabilidade do capital. O capitalismo encontrou na economia de plataforma, na obtenção de dados, a nova forma de acumulação capitalista. Isto porque o desenvolvimento tecnológico é um poderoso meio para assegurar a elevação da taxa de lucros. A cada período do desenvolvimento capitalista, com o desenvolvimento de novas tecnologias, o capitalismo constrói novas formas de acumulação capitalista e novas formas de dominação ideológica. O rádio foi utilizado para a consolidação do nazismo e do fascismo. Hoje a televisão e as redes sociais são os meios de comunicação mais utilizados.

Para encontrar novos caminhos de acumulação, houve um deslocamento do capitalismo financeiro para a economia de plataformas. Tal fato reduziu a rotação do capital a quase nada, bem como a circulação das mercadorias.

As tecnologias inovadoras surgem para assegurar novas formas de acumulação do capital, mas também para consolidar a ideologia dominante. A ação planejada executada pelos donos do capital para vincar o ideário neoliberal teve grande êxito, atingindo inclusive setores de esquerda.

Essa realidade foi facilitada pela desregulamentação dos mercados financeiros, que permitiu a entrada e saída nos mercados nacionais sem constrangimentos; o tráfego contínuo do mercado de capitais, praticamente 24 horas por dia, uma vez que, quando os mercados fecham no Ocidente, abrem no Oriente e vice-versa; a instantaneidade das operações especulativas, todas on-line; negociadores dos mercados financeiros com suas projeções de "expectativas futuras"; e a necessidade contínua de prospecção de dados através de big data, demonstram que as redes (internet) são a base tecnológica que permitiu a expansão e a hegemonia do capital financeiro sobre os demais capitais, comercial e industrial.

Essa sinergia entre redes e neoliberalismo é profunda e estrutural; por isso mesmo é a plataforma de lançamento da extrema-direita e do neofascismo. O neoliberalismo é mais que uma simples política implementada pelo imperialismo que se utiliza da internet, mas sim trata-se da própria expressão da complexa hegemonia do capital financeiro sobre o conjunto do sistema, isto é, sobre a maior parte das relações capitalistas de produção, apropriação e reprodução. O neoliberalismo contém em si a internet, e suas representações políticas, a extrema-direita e o neofascismo, são endógenas ao próprio imperialismo contemporâneo.

É importante destacar que esta é a realidade do desenvolvimento dos países capitalistas do Ocidente. Cabe pontuar que o mundo passa por uma reconfiguração que está alterando a geopolítica mundial com o crescimento vertiginoso da China e de outros países da Ásia.

O caminho de desenvolvimento, chamado por muitos Consenso de Pequim, evitou, na China, a explosão do desemprego e manteve seu Produto Interno Bruto crescendo com índices robustos, ao contrário dos países que adotaram o neoliberalismo. Com isto o país passou a ser a segunda economia do mundo e reduziu drasticamente a pobreza.

Dando um grande destaque ao desenvolvimento científico e tecnológico, a China logrou ultrapassar os EEUU em várias áreas, como, por exemplo, conseguiu obter o 5G antes dos norte-americanos e já trabalha na construção do 6G. E, ainda, a China anunciou o computador quântico, um milhão de vezes mais veloz que o Sycamore, máquina quântica do laboratório de inteligência artificial do Google criada em 2019. Até então, era o dispositivo mais avançado do mundo no setor quântico.

De acordo com o físico Pan Jianwei, da Universidade de Ciência e Tecnologia da China, de Hefei, a nova máquina chinesa realiza, em um milissegundo, a mesma quantidade de cálculos que um computador comum, como o que nós temos em casa, que levaria 30 trilhões de anos para realizar[17].

---

[17] Ver: https://www.uol.com.br/tilt/colunas/felipe-zmoginski/2021/10/28/china-revela-ter-desenvolvidoo-computador-quantico-mais-veloz-do-mundo.htm?cmpid=copiaecola2020-computador quântico.

Assim, constata-se que, em meados de 1970, a ordem econômica do pós-guerra entrou em estagnação e os economistas neoliberais entraram na ofensiva defendendo o livre mercado contra "ideologias coletivistas comunistas e totalitárias". E ainda que o Consenso de Washington formulou as ideias neoliberais que passaram a ser impostas aos países da América Latina, através do Fundo Monetário Internacional, com as Reformas Estruturais e as *Cartas de Intenções* levando a sérias consequências econômicas e sociais.

A crise capitalismo de 2008 impôs a necessidade de adoção de novas medidas para assegurar a rentabilidade do capital. O capitalismo encontrou na economia de plataforma, na obtenção de dados, a nova forma de acumulação capitalista e também de construir a nova hegemonia das classes dominantes no período de hegemonia neoliberal. Era necessário um amplo processo de consentimento (coesão) em torno das ideias neoliberais.

As tecnologias inovadoras surgem para assegurar novas formas de acumulação do capital, mas também para consolidar a ideologia dominante. A ação planejada executada pelos donos do capital, para vincar o ideário neoliberal, teve grande êxito, atingindo inclusive setores de esquerda.

Essa realidade foi facilitada pela desregulamentação dos mercados financeiros, que permitiram a entrada e a saída nos mercados nacionais sem constrangimentos.

É importante destacar que esta é a realidade do desenvolvimento dos países capitalistas do ocidente. Cabe pontuar que o mundo passa por uma reconfiguração que está alterando a geopolítica mundial com o crescimento vertiginoso da China e de outros países da Ásia.

Como foi visto, a construção da hegemonia das classes dominantes inicia-se com a economia. Entre elas se destacam a defesa do mercado, da propriedade privada, da completa liberdade do capital, da crítica à participação do Estado na economia e às políticas sociais, da separação da economia da política, entre outras.

2. Neoliberalismo e Concentração da Renda

Uma característica fundamental do neoliberalismo é a profunda concentração de rendas, o que revela seu caráter antissocial. Para Wolfgang Streeck,

> "expressão mais visível do sucesso retumbante da revolução neoliberal consiste no aumento constante da desigualdade de rendimento e patrimônio nos países do capitalismo democrático"[18].

Tal concentração decorre da liberdade completa que o neoliberalismo conferiu ao capital, retirando praticamente toda regulamentação sobre a atividade econômica e retirando empresas públicas do controle do Estado. Com isso deixando livre o mercado para aumentar desmesuradamente seus lucros.

No dizer de Boaventura Souza Santos, há um conflito distributivo na sociedade, que

> "Sendo um conflito de classes, afirma-se social e politicamente como um conflito distributivo: por um lado, a pulsão para a acumulação e a concentração da riqueza por parte dos capitais e, por outro, a reivindicação da redistribuição da riqueza criada em boa parte pelos trabalhadores e por suas famílias"[19].

O fato é que, com a política neoliberal, esse conflito fica contido pela intervenção do Estado a favor do mercado e contra a

---

[18] Streeck, Wolfgang. *Tempo Comprado* – A Crise Adiada do Capitalismo Democrático. Tradução de Marian Toldy e Teresa Toldy. São Paulo: Boitempo, 2018, p. 99.

[19] Santos, Boaventura de Souza. *A Difícil Democracia – reinventar as esquerdas*. São Paulo: Boitempo, 2016, p. 191.

distribuição da riqueza. Essa é a essência do combate do neoliberalismo ao Estado de Bem-Estar Social. E a consequência é a brutal concentração de rendas.

Tendo iniciado seu governo em 1979, Margareth Thatcher foi uma das precursoras do neoliberalismo. Nos Estados Unidos, esse papel foi exercido pelo presidente Ronald Reagan, eleito em 1981. E a ação combinada dos dois governantes terminou assegurando a hegemonia do neoliberalismo a nível mundial.

Os dados apresentados por Thomas Piketty, em seu livro *O Capital*, comprovam o papel exercido pelas políticas neoliberais na concentração de rendas no mundo. Segundo ele, ao analisar a evolução da concentração da riqueza nos Estados Unidos entre 1987 e 2013,

> "o número de bilionários, em dólares, no mundo, segundo a Forbes, passou de 140 para 1.400 e sua riqueza total de US$ 300 bilhões para US$ 5.400 bilhões"[20].

Dados do Relatório da Desigualdade Global, 2018, mostram que, nos Estados Unidos, a metade mais pobre da população teve um aumento de apenas US$ 200,00, recebendo US$ 16,6 por ano de 1980 para cá. No mesmo período, a renda dos 10% mais ricos dobrou, atingindo US$ 311,00, e a dos 1% mais ricos triplicou, atingindo US$ 1,3 bilhões.

Os cortes de impostos dos mais ricos, entre outras medidas, explicam essa concentração. Na análise sobre o imposto de renda, o autor apresenta um quadro, no qual conclui que:

> "A taxa marginal superior de imposto sobre a renda (aplicável às rendas mais elevadas) nos Estados Unidos passou de 70% em 1980 para 28% em 1988"[21]. E, analisando os impostos sobre heranças, ele apresenta um quadro no qual descreve que "A taxa marginal superior de imposto sobre heranças

[20] Piketty, Thomas. *O Capital* – No século XXI. Tradução de Monica Baumgaten de Bolle. Rio de Janeiro: Intrínseca, 2014, p. 422.

[21] *FSP* – 30 de julho de 2019.

> (aplicável às maiores heranças) nos Estados Unidos passou de 70% em 1980 para 35% em 2013"[22].

Observa-se nesses dados que tanto a concentração da renda como a redução de impostos sobre as faixas mais ricas se dão exatamente após 1980, ano em que o neoliberalismo começava a conquistar a hegemonia no mundo.

No livro *Las Crises del Capitalismo en el Siglo XXI – crónicas de los años en que el capitalismo se volvió loco*, Piketty analisa o imposto sobre a herança, afirmando

> "Reducir massivamente su peso sólo dará más consistencia a la ideia de que en el siglo XXI se afirma un hipercapitalismo que ni siquiera aplica los impuestos al capital vigentes en el Siglo XIX"[23].

Mais adiante, demonstra sua indignação com o processo de concentração da renda ao afirmar:

> "Estamos vivendo los últimos días de la fiscalidad del siglo XX? Debemos esperar que la fiscalidad del siglo XXI repose de manera exclusiva sobre el trabajo?"

Com essa análise, o autor mostra como a política tributária tem sido utilizada como instrumento de concentração de rendas.

E, analisando a política tributária adotada pelo governo Roosevelt para combater a crise de 1929 nos Estados Unidos, ele afirma que

> "Luego de la crisis de 1929, como reacción al enriquecimiento de las élites económicas e financieras que habían conducido al país a la crisis, la respuesta de Roosevelt fue más brutal aunque en otro sentido. La tasa del impuesto federal a las ganancias, aplicable a los ingresos más altos, fue llevada del

[22] Piketty, Thomas. *Op. cit.*, p. 490.

[23] Piketty, Thomas. *Las Crises del Capitalismo en el siglo XXI* – Crónicas de los años en que el capitalismo se volvió loco. Buenos Aires: Siglo Veintiuno, 2015, p. 65.

> 25 al 63% en 1932, al 79% en 1936, al 91% en 1941, para luego ser reducida al 77% en 1964 y finalmente al 30-35%, durante las décadas de 1980 y a 1990 por la administración Reagan-Bush"[24].

Piketty manifesta sua crença de que a Europa, com seu modelo social e riqueza patrimonial, tem os meios para "ir más allá del crecimiento y permitir que la democracia retome el control del capitalismo"[25].

É bom ter presente que Thomas Piketty não é nenhum socialista; pelo contrário, é defensor do capitalismo. Todavia ele percebe que o grau de concentração de renda e a falta de controle das finanças mundiais poderão levar o sistema capitalista a uma crise sem precedentes. Daí sua defesa de que a democracia retome o controle do capital.

Ao refletir sobre como fazer retroceder os paraísos fiscais, o autor afirma:

> "Para hacer retroceder a los paraísos fiscales y, más aún, para poner en marcha las regulaciones financieras, sociales e medioambientales, necesarias para retomar el control de un capitalismo mundializado que se volvió loco, el arma comercial será sin dudas indispensable", e ainda que "el proteccionismo – como la policía – es una arma disuasiva esencial que los Estados deben tener a mano"[26].

E a política protecionista, tida por Piketty como arma que os Estados devem ter em mãos, fundamental para assegurar o desenvolvimento das economias em desenvolvimento. Todavia, ela é combatida pelos defensores do neoliberalismo. Daí a fragilização dos Estados nacionais para retirar-lhes a capacidade de definir políticas econômicas segundo seus interesses.

Relatório da Oxfam[27], publicado em setembro de 2017, indica que a parcela de 1% dos mais ricos da população mundial possui a mesma riqueza que os outros 99%. Por um lado, apenas

---

[24] Idem, p. 74.

[25] Idem, p. 94.

[26] Idem, p. 91.

[27] Ver: *Confederação de 19 organizações de 90 países voltada para o combate à pobreza, desigualdade e injustiça*, em www.oxfam.org.br.

oito bilionários detêm o mesmo que a metade mais pobre da população no planeta. Por outro, a pobreza é realidade para mais de 700 milhões de pessoas no mundo.

Segundo o Relatório, os 1% mais ricos do mundo embolsaram quase duas vezes a riqueza obtida pelo resto do mundo nos últimos dois anos. Dois terços de todas as novas riquezas geradas no mundo, nos últimos dois anos, foram acumulados por 1% da população.

Os 1% mais ricos do mundo ficaram com quase 2/3 de toda riqueza gerada desde 2020 – cerca de US$ 42 trilhões –, seis vezes mais dinheiro que 90% da população global (sete bilhões de pessoas) conseguiram no mesmo período. E, na última década, esses mesmos 1% ficaram com cerca de metade de toda riqueza criada. Pela primeira vez em 30 anos, a riqueza extrema e a pobreza extrema cresceram simultaneamente.

Ao analisar a situação brasileira, a Oxfam concluiu que, entre 1988 e 2015, a pobreza foi reduzida de 37% para menos de 10% da parcela de população brasileira abaixo da linha da pobreza. Nos últimos 15 anos, o Brasil retirou da pobreza mais de 28 milhões de pessoas, enquanto a grande concentração de renda no topo se manteve estável.

O Relatório destacou ainda que,

> "No Brasil, 85% da população brasileira defende uma maior taxação dos mais ricos para que o Estado tenha a capacidade de financiar serviços públicos de qualidade para quem mais precisa. O país, que tem hoje 284 bilionários segundo a revista Forbes, é um dos únicos no mundo que não tributa lucros e dividendos. Isso faz com que os mais ricos paguem proporcionalmente menos impostos do que a maioria da população brasileira"[28].

A pesquisa chama a atenção para o crescimento exponencial da desigualdade no mundo, sinalizando para a necessidade de adoção de medidas urgentes contra a expansão da pobreza[29].

---

[28] Ver: Relatório de Riqueza Global 2023 (Global Wealth Report 2023), de 16 de janeiro de 2023, em www.oxfam.org.br.

[29] *Carta Capital*, de 6 de janeiro de 2023.

A Oxfam propôs, no Relatório lançado no Fórum Econômico Mundial em Davos, aumento na taxação de super-ricos para arrecadar recursos suficientes para tirar dois bilhões de pessoas da pobreza em todo o mundo.

Tais dados demonstram as graves consequências do aumento colossal da pobreza, de um lado, e o crescimento vertiginoso da riqueza de outro. Os setores dominantes desenvolvem uma vigorosa luta ideológica visando esconder essa séria situação de profanada desigualdade social, gerada por essa absurda e injusta concentração de riquezas.

Tal concentração de rendas, nos tempos atuais, coloca em risco a democracia, abrindo espaço para tendências neofascistas. A história mostra que a crise social é o prelúdio do fascismo.

Todavia, a crise da hegemonia liberal também poderia desaguar na esquerda, na transformação progressista, como, por exemplo, nos entreguerras. Entretanto, no atual contexto, a ascensão da extrema-direita e do seu lado fascista, explica-se tanto pela crise da hegemonia liberal quanto pela derrota estratégica da esquerda mundial, desde a queda da União Soviética, e no Brasil desde o golpe contra Dilma Rousseff.

A derrota da esquerda canaliza o sentimento antiestablishment para a extrema-direita. A derrota estratégica dos trabalhadores inviabiliza uma ruptura à esquerda da hegemonia liberal e suas desigualdades. É aí que o neofascismo aparece como antissistema.

Uma das características políticas do neoliberalismo é a submissão, quase completa, da política à economia. O Estado capitalista moderno caracterizou-se por uma certa separação do poder econômico em relação ao poder político. Com isso as classes dominantes se veem livres do controle da sociedade.

O exercício dos direitos incorporados às constituições sociais é uma forte barreira contra as políticas neoliberais. A democracia e a Constituição constituem-se em obstáculos ao corte de direitos, objetivo fundamental das políticas neoliberais.

Segundo Atilio Borón:

> "O ataque aos 'excessos democráticos', paralisantes de uma suposta vitalidade do mercado desemboca (...) em uma apologia do governo autoritário"[30].

No Brasil o monopólio do poder econômico sobre o político permitiu um aumento crescente da influência patronal no Parlamento. Progressivamente a composição do Parlamento brasileiro foi sendo alterada, com o aumento da representação empresarial e a redução da representação parlamentar de lideranças dos trabalhadores e dos movimentos sociais.

Tal concentração de rendas coloca em risco a democracia, abrindo espaço para tendências neofascistas. A história mostra que a crise social é o prelúdio do fascismo.

Contrariamente aos governos dos países que adotam a política neoliberal, a China tem como prioridades o desenvolvimento e o combate à pobreza.

Maior país em desenvolvimento do mundo, a China há muito tempo enfrenta esse flagelo. Desde 2012, o seu governo travou uma batalha decisiva contra a pobreza. Ao retirar quase 100 milhões de pessoas da pobreza, ela cumpriu a árdua missão de erradicar a miséria absoluta. Pelos padrões do Banco Mundial, a China responde por mais de 70% da redução da população em pobreza mundial[31].

Nesse item identifica-se que uma das características básicas do neoliberalismo é o aumento constante da desigualdade de rendimento e patrimônio, resultado da lógica da falta de controle do Estado sobre o capital, assegurando lucros exorbitantes.

Os dados apresentados por Thomas Piketty, em seu livro *O Capital*, comprovam o papel exercido pelas políticas neoliberais na concentração de rendas no mundo.

---

[30] Borón, Atilio. *Estado, Capitalismo e Democracia na América Latina*. Rio de Janeiro: Paz e Terra, 1994, p. 23.

[31] *Correio Braziliense*, de 04 de maio de 2021. Entrevista com Yang Wanming, embaixador da China no Brasil.

Tal concentração de rendas, nos tempos atuais, coloca em risco a democracia, abrindo espaço para tendências neofascistas. A história mostra que a crise social é o prelúdio do fascismo.

Todavia, a crise da hegemonia liberal também poderia desaguar na esquerda, na transformação progressista, como, por exemplo, nos entreguerras. Entretanto, no atual contexto, a ascensão da extrema-direita e do seu lado fascista, explica-se tanto pela crise da hegemonia liberal quanto pela derrota estratégica da esquerda mundial, desde a queda da União Soviética, e no Brasil desde o golpe contra Dilma Rousseff.

O combate que o neoliberalismo faz ao papel do Estado na economia e nos problemas sociais visa assegurar a "liberdade" para obter lucros máximos e garantir a privatização dos serviços sociais. A consequência desse processo é a enorme concentração de renda e a degradação da situação de vida do povo.

A captura do sistema político pelo sistema econômico termina por facilitar a imposição das políticas neoliberais. Todavia a existência de Constituições sociais, como a Constituição brasileira de 1988, cria dificuldades para a adoção dessas medidas. No entanto, uma corrente favorável ao mercado, no Supremo Tribunal Federal (STF), tem adotado decisões que vão contra a justiça do trabalho confrontando-se com a Constituição de 1988.

3. Neoliberalismo e Direitos Trabalhistas

O conflito entre o capital e o trabalho está ligado à própria essência do capitalismo: a busca de maiores lucros pelo menor custo. E, para tanto, remunera o trabalho humano por um valor reduzido, com um menor número de benefícios possível. A luta dos trabalhadores e trabalhadoras é o fator determinante na busca de melhores salários, benefícios para a saúde e segurança e conquista de novos direitos.

Todavia, a existência de governos voltados à defesa dos direitos sociais, previdenciários e trabalhistas permitiu avanços no mundo do trabalho, a exemplo da criação da Justiça Social do

Trabalho (1941) com a aprovação de leis que ampliaram esses direitos. Foi o que ocorreu no governo Getúlio Vargas com a aprovação da Consolidação das Leis do Trabalho, a CLT (1943) e outras conquistas e avanços nos governos de João Goulart, Luiz Inácio Lula da Silva e Dilma Rousseff.

Na Constituinte, com o predomínio das ideias neoliberais no mundo, segmentos do setor econômico, a exemplo do setor financeiro e grande parte do setor empresarial, articularam-se para impor seus interesses no processo de elaboração da Constituição de 1988.

Porém, a onda democrática desencadeada com o fim da ditadura militar impediu que isso ocorresse, assegurando importantes conquistas econômico-sociais, bem como a aprovação da Constituição Federal Cidadã de 1988, uma das mais avançadas do mundo.

O golpe contra a presidenta Dilma Rousseff veio para colocar abaixo as conquistas obtidas através de duras lutas. E o programa *Ponte para o Futuro*, do governo Michel Temer, foi o caminho para atingir tais objetivos. Sua divulgação em 2015 materializou o pacto de Temer com a política neoliberal.

A primeira medida, de dezembro de 2016, foi a aprovação da Emenda Constitucional nº 95, que congelou os investimentos em áreas como saúde e educação por 20 anos.

A Reforma Trabalhista, Lei nº 13.467/2017, foi um passo decisivo desse projeto, impondo grave retrocesso social. A referida lei alterou mais de 200 artigos da CLT, sob a falsa justificativa de criação de mais de dois milhões de empregos e de modernização da legislação trabalhista. Além de não alcançar nenhum dos objetivos propagados, essa lei aprovou diversos contratos de trabalho precários, agravando muito o cenário da garantia constitucional de trabalho digno. Aumentou o percentual de trabalho informal sem nenhuma garantia social, a exploração do trabalho infantil.

Os indicadores de agravamento de saúde e segurança do trabalho humano aumentaram e a terceirização de serviços sem limitação, assim como o trabalho intermitente em todas as atividades, sem nenhuma salvaguarda, contribuíram para o agravamento dos índices de precarização do trabalho humano.

A lei da reforma trabalhista teve por objetivo, ainda, o enfraquecimento da representação sindical e das entidades representativas dos trabalhadores e trabalhadoras do Brasil, na medida em que extinguiu a contribuição de custeio dos sindicatos sem observar um período de transição, visando mesmo à fragilização para facilitar a implementação das novas medidas neoliberais e precarizantes. Além de novas modalidades de contratação, os salários sofreram redução, as negociações coletivas ficaram prejudicadas.

Nesse mesmo cenário e tempos de ataques aos direitos dos trabalhadores e trabalhadoras, foi aprovado pelo Legislativo Federal a "terceirização irrestrita" mesmo quando se trata da atividade-fim empresarial. Os dados de pesquisas, bem como artigos, matérias e entrevistas publicados pela mídia brasileira, abordam o agravamento da precarização do trabalho e de suas consequências para a classe trabalhadora a partir da reforma trabalhista.

Esta Antirreforma Trabalhista tramitou em tempo recorde. O Projeto de Lei foi encaminhado pelo então presidente Michel Temer, em dezembro de 2016, em julho de 2017 foi aprovado e em novembro do mesmo ano entrou em vigor.

O aspecto central da reforma foi o de viabilizar o mercado de trabalho flexível, ampliar a liberdade do empregador de gerir a força de trabalho de acordo com o que é mais conveniente para seu negócio, no tempo e no espaço.

O chamado "trabalho intermitente" introduziu um dos mais perversos sistemas de trabalho precário. Não foi delimitada a sua aplicação aos setores com características sazonais, mas aplicável indistintamente em toda e qualquer atividade do setor econômico.

Os contratos intermitentes, uma das principais apostas da equipe econômica de Temer para a geração de empregos, representaram 19% das novas contratações com carteira assinada no Brasil em 2019, segundo dados do Cadastro Geral de Empregados e Desempregados (CAGED). E, do total de brasileiros com carteira assinada, apenas 1% possui contratos intermitentes.

No governo seguinte ao de Michel Temer, a situação agravou-se ainda mais. Foi extinto o Ministério do Trabalho, ocorreram o corte de investimentos nos órgãos de fiscalização e a extinção da contribuição sindical obrigatória, mostrando que a ideia era desmontar e desestruturar a organização dos trabalhadores.

O "negociado sobre o legislado" também passou a vigorar, como queria parte do setor empresarial desde os anos 1990. Ou seja, o resultado da negociação entre patrão e empregado, em condições evidentemente desiguais, pode sobrepor-se ao texto da lei.

Para completar, a partir dessa Reforma, o empregado que ingressar com ação trabalhista na Justiça do Trabalho, e não for vencedor na demanda, será condenado ao pagamento de honorários advocatícios e custas processuais, mesmo se for beneficiário da justiça gratuita.

A Reforma Trabalhista do governo Temer atingiu os principais pilares das relações de trabalho, atacando simultaneamente pelo menos cinco eixos centrais das relações de trabalho: as condições de trabalho, a organização sindical, a negociação coletiva, o Direito do Trabalho e a Justiça do Trabalho.

O governo Temer só não conseguiu aprovar a Reforma da Previdência porque 2018 era ano eleitoral. Coube ao governo seguinte, Jair Bolsonaro, sancioná-la em 2019, com regras favoráveis aos militares. A idade mínima para aposentadoria de mulheres passou de 60 para 62 anos, com regras específicas para trabalhadores rurais, policiais e professores.

No setor privado, mesmo com a idade mínima, antes era possível escolher entre aposentar-se por idade ou por tempo de contribuição. Aposentando-se por idade, era necessária uma contribuição mínima de 15 anos. Quem quisesse se aposentar abaixo da idade mínima poderia fazê-lo, desde que somasse 30 anos de contribuição, no caso de mulheres, e 35 anos, no caso de homens.

Com a reforma, essa opção tornou-se impossível. Mesmo quem já contribuiu pelo tempo mínimo não pôde aposentar-se antes da idade mínima. Bolsonaro também extinguiu o Ministério do Trabalho, órgão essencial ao mundo do trabalho e que contava com mais de 88 anos de funcionamento. E o fez como uma medida estrutural para prejudicar os trabalhadores.

Com a mudança de gestão no governo central, a partir de 2023, pode-se observar, por estatísticas, dados e indicadores confiáveis, que o presidente Luiz Inácio Lula da Silva está conseguindo alterar esse cenário, aumentando a empregabilidade, a média salarial, os empregos formais, o crescimento do PIB, em um processo de reversão dessa política antissocial e antitrabalhista.

A pauta do governo Luiz Inácio Lula da Silva para o mundo do trabalho está focada em pontos importantes para o campo social e do trabalho e essa assertiva pode ser exemplificada com as seguintes medidas efetivas: Recriação do Ministério do Trabalho e Emprego, Aumento do salário-mínimo, Correção da faixa de isenção do Imposto de Renda, estudos para alteração da Reforma Trabalhista.

Não se pode perder de vista, no entanto, a pressão contra os direitos sociais e trabalhistas, contra a Justiça do Trabalho. O setor econômico tem forte representação no Congresso Nacional. Princípios Econômicos neoliberais norteiam decisões de parte dos integrantes do Supremo Tribunal Federal. Consequência da força e da propagação dessas ideias no Brasil.

Conclui-se que o conflito entre o capital e o trabalho está ligado à própria essência do capitalismo: a busca de maiores lucros pelo menor custo. A luta dos trabalhadores e trabalhadoras é o fator determinante na busca de melhores salários, benefícios para a saúde e segurança e conquista de novos direitos.

Na Constituinte, com o predomínio das ideias neoliberais no mundo, segmentos do setor econômico articularam-se para impor seus interesses no processo de elaboração da Constituição de 1988. Porém, a onda democrática desencadeada com o fim da ditadura militar impediu que isso ocorresse, assegurando importantes vitórias.

O golpe contra a presidenta Dilma Rousseff veio para colocar abaixo as conquistas obtidas através de duras lutas. E o programa *Ponte para o Futuro* do governo Michel Temer foi o caminho para atingir tais objetivos.

A Lei da Reforma Trabalhista aprovou diversos contratos de trabalho precários, agravando muito o cenário da garantia constitucional de trabalho digno. Aumentou o percentual de trabalho informal sem nenhuma garantia social e a exploração do trabalho infantil.

Essa Lei teve por objetivo, ainda, o enfraquecimento da representação sindical e das entidades representativas dos trabalhadores e trabalhadoras do Brasil, na medida em que extinguiu a contribuição de custeio dos sindicatos sem observar um período de transição.

O "negociado sobre o legislado" também passou a vigorar.

A pauta do governo Luiz Inácio Lula da Silva para o mundo do trabalho está focada em pontos importantes para o campo social e do trabalho e essa assertiva pode ser exemplificada com as seguintes medidas efetivas:

Recriação do Ministério do Trabalho e Emprego, Aumento do salário mínimo, Correção da faixa de isenção do Imposto de Renda, estudos para alteração da Reforma Trabalhista.

4. Neoliberalismo e Fascismo

A contradição entre as políticas neoliberais e a democracia termina por levar à adoção de regimes autoritários ou fascistas como caminho para impor as políticas do mercado.

Clara Mateei faz uma importante análise da atitude dos capitalistas em relação aos trabalhadores em diferentes períodos da história, tomando a Itália e a Inglaterra como referências para sua análise.

Ao avaliar o papel do capitalismo, a autora afirmou:

> "O capitalismo era mais do que um sistema econômico; era também um sistema de ordem social. Se a guerra serviu como um flerte breve e desconfortável com os princípios básicos do socialismo – incluindo uma economia central planejada e uma mão de obra forte e organizada –, então a tentativa do pós-guerra de reverter tudo isso era uma prova do poder e da influência do capital sobre as nações modernas"[32].

[32] Mattei, Clara. *A Ordem do Capital*: Como os economistas inventaram a austeridade e abriram as portas para o fascismo. São Paulo: Boitempo, 2023, p. 43.

No curso de seu estudo, a autora mostra a dupla atitude dos capitalistas, durante a guerra e no pós-guerra, e afirma:

> "Durante a primeira Guerra Mundial, os governos britânico e italiano empregaram o bem-estar social como poderosa estratégia de coesão política em escala sem precedentes"[33].

Todavia mostra

> "que os trabalhadores invadiram o palco da história com ideias de uma sociedade alternativa, a defesa do capitalismo assumiu formas novas e mais potentes. Os guardiões do capitalismo voltaram à prancheta para redesenhar a velha ordem; a produção da austeridade tornou-se a principal arma deles. A austeridade consistia em um processo duplo, ao mesmo tempo material e ideológico. Ou melhor, consistia em uma estratégia dupla, coerção e consenso"[34].

Clara Mattei esclarece, nessa passagem, a utilização da estratégia descrita por Gramsci como imposição do domínio através da coerção e da coesão. Nesse caso visando dar suporte à austeridade econômica. E destaca que o objetivo principal da austeridade era a despolitização do econômico, ou seja, "a reinstalação de uma divisão entre política e economia – depois que a paisagem política dos pós-guerra a dissolvera"[35].

A despolitização do econômico visa retirar da sociedade as condições para se entender as razões pelas quais o neoliberalismo é uma política contrária aos interesses dos trabalhadores e da soberania nacional. A despolitização do econômico é uma questão-chave na imposição das ideias neoliberais, ao procurar desvincular as decisões sobre a economia da soberania popular como se as decisões sobre economia fossem meramente técnicas. Na verdade, essa posição esconde o fato de que ela visa assegurar ao mercado a condução da política econômica afastando os trabalhadores e o povo dessa discussão.

---

[33] Mattei, Clara. *Op. cit.*, p. 113.
[34] Idem, p. 189.
[35] Idem, p. 192.

Como foi analisado anteriormente, em situações de crise, o capitalismo pode utilizar formas ditatoriais de governo para assegurar a continuidade de seu domínio. Foi o que ocorreu na Itália com a implantação do fascismo e na Alemanha com o nazismo. "A consolidação do fascismo na Itália coincidiu com o auge do triunfo da austeridade"[36].

A política econômica de intervenção do Estado e de bem-estar social volta a ser colocada em prática no período da Segunda Guerra Mundial.

Conforme a autora,

> "A intervenção do Estado e o bem-estar social voltaram à moda depois da Segunda Guerra Mundial. Nos pós-guerra, a mão de obra organizada, tanto britânica como italiana, fortaleceu e sustentou a influência política daquela moda"[37].

Mas essa situação não iria perdurar, destacando que

> "1979 também viu a ascensão da primeira-ministra Margareth Thatcher, que se notabilizou por desprezar os trabalhadores como 'ociosos, enganosos, inferiores e sanguinários' e que rejeitava discutir sobre classe em defesa de uma ênfase na 'responsabilidade pessoal'. Thatcher inaugurou o retorno da austeridade na Grã-Bretanha, dessa vez sob o conselho de uma equipe de especialistas que incluía membros da famosa Mont Pelerin Society"[38].

O economista Friedrich Hayek, um dos fundadores da Mont Pelerin Society, mantinha uma correspondência frequente com Thatcher que foi muito influenciada por ele.

A escritora destaca, também, a influência ideológica dos economistas neoliberais ao moldarem a ideia de que as hierarquias sociais são fruto dos méritos individuais e não de consequências sociais, com isso removendo a capacidade de luta dos trabalhadores e justificando o lucro, ao citar que

[36] Idem, p. 372.
[37] Idem, p. 400.
[38] Mattei, Clara. *Op. cit.*, p. 401.

> "Nenhuma arma física poderia ser sido tão poderosa quanto esse quadro teórico para remover a capacidade de ação dos trabalhadores e justificar o lucro"[39].

A influência dos economistas na difusão das ideias neoliberais tem sido marcante.

Já Boaventura de Souza Santos mostra como o neoliberalismo é cada vez mais implacável com a democracia. Ao comentar a relação entre neoliberalismo e corte de direitos, ele ressalta que

> "O neoliberalismo já não pode satisfazer apenas com o ataque aos direitos sociais e econômicos. Começou a também atacar os próprios direitos civis e políticos. Isto é, o próprio núcleo básico da democracia liberal (...), o modelo de capitalismo que hoje domina é cada vez mais incompatível com a democracia, mesmo a democracia de baixa intensidade"[40].

No Brasil houve um grande crescimento das forças de extrema-direita nos últimos anos. Fiquei impressionado com uma pichação que vi em Aracaju defendendo o nazismo.

Segundo divulgação da imprensa, os grupos neonazistas cresceram 270% no Brasil nos últimos três anos[41]. Esse crescimento tem relação com o mesmo fenômeno a nível mundial e se relaciona com a crise do capitalismo e da democracia liberal. No Brasil ele ganhou força diante das dificuldades econômicas do governo Dilma e consolidou-se com a vitória do governo neofascista de Bolsonaro.

As ideias-chave desta parte do livro são trazidas pela obra de Clara Mattei que mostra as diversas políticas adotadas pelas classes dominantes em relação aos trabalhadores e suas reivindicações no curso da história. Destaca que, durante a Primeira Guerra Mundial, os governos britânico e italiano empregaram o

---

[39] Idem, p. 408.

[40] Rocha, João Cezar de Castro (org.). *Tudo por um triz*. Curitiba: Kotter, 2022.

[41] G1, 10 de janeiro de 2022.

bem-estar social como poderosa estratégia de coesão política. O mesmo ocorreu durante a Segunda Guerra Mundial.

Passado o período das guerras, era desenvolvida uma política de ajuste econômico, cuja essência era a quebra dos direitos obtidos no período anterior. Para isso usavam da coerção e do convencimento (coesão). A austeridade consistia em um processo duplo, ao mesmo tempo material e ideológico. Ou melhor, consistia em uma estratégia dupla: coerção e consenso.

A aurora destaca, também, a influência ideológica dos economistas neoliberais ao moldarem a ideia de que as hierarquias sociais são fruto dos méritos individuais e não de consequências sociais.

Analisando a atitude da burguesia durante as duas guerras mundiais, a escritora explica que, quando era necessário o apoio dos trabalhadores para o esforço da guerra, as classes dominantes admitiam avanços econômicos, sociais e na organização dos trabalhadores. Todavia, passados esses períodos, voltava o processo de repressão e corte de direitos dos trabalhadores.

Tudo isso demonstra a incompatibilidade entre capitalismo, em sua fase atual, e democracia.

No Brasil houve um grande crescimento das forças de extrema-direita nos últimos anos. Esse crescimento tem relação com o mesmo fenômeno a nível mundial e se relaciona com a crise do capitalismo e da democracia liberal.

No Brasil ele ganhou força diante das dificuldades econômicas do governo Dilma e se consolidou com a vitória do governo neofascista de Bolsonaro.

5. A Figura do inimigo interno e Estado Autoritário

O neoliberalismo, em sua fase atual, necessita impor um regime autoritário como condição para viabilizar os radicais cortes de direitos. Para isso rompe com os limites do poder, próprios de um regime democrático, adotando medidas de exceção para ensejar seu projeto.

Alguns autores chamam essa fase atual do neoliberalismo de ultraliberalismo, porque antes o neoliberalismo convivia com a democracia liberal; o que hoje se tornou impossível.

Sobre esse tema, assim se manifesta Rubens Casara:

> "O Estado Democrático de Direito, com os direitos fundamentais apresentados como limites ao arbítrio e o princípio da legalidade estrita a condicionar a ação dos agentes públicos, era um obstáculo ao crescimento ao autoritarismo" e o Estado Pós-Democrático "libera o autoritarismo necessário ao crescimento do mercado na medida em que desqualifica os direitos fundamentais e afasta o primado da legalidade estrita, encontra-se autorizado pela razão neoliberal"[42].

O autoritarismo, por sua vez, para unificar amplas massas em torno de seus objetivos, necessita identificar seus inimigos internos.

Sobre o assunto, Pedro Serrano destaca que

> "Essa construção discursiva sempre se dá por meio da invocação da figura do inimigo, aquele ser desprovido de qualquer proteção política ou jurídica, de qualquer direito fundamental mínimo inerente ao ser humano. Esse inimigo clama pela figura de um Estado autoritário pelo medo que ocasiona na sociedade"[43].

Na condição de inimigo, o neoliberalismo, nos dias atuais, coloca o Estado e a política por avaliar que estes inibem o livre exercício do mercado. Isso explica a feroz campanha de demonização do Estado Democrático, da política, dos partidos políticos e dos políticos. Tal campanha é, na realidade, a negação da própria

---

[42] Casara, Rubens R. R. *Estado Pós-Democrático* – Neo-obscurantismo e gestão dos indesejáveis. Rio de Janeiro: Civilização Brasileira, 2018, p. 186.

[43] Serrano, Pedro Estevam Alves Pinto. *Autoritarismo e golpe na América Latina* – Breve ensaio sobre jurisdição e exceção. São Paulo: Alameda, 2016, p. 70.

democracia, pois não existe democracia sem política, sem a participação da sociedade, sem o contraditório.

A identificação do inimigo é, portanto, um elemento fundamental na construção do Estado autoritário do qual o neoliberalismo necessita para impor sua política. Na construção desse Estado, a figura do inimigo joga o papel de unificar a sociedade em torno de um projeto de "salvação nacional" que tem como pressuposto o afastamento de governos que se opõem ao neoliberalismo. Assim, o dirigente político que diverge das políticas defendidas por tais setores é considerado inimigo e, como tal, desprovido de proteção política e jurídica.

O autoritarismo torna-se um caminho fundamental para o neoliberalismo impor a lógica do mercado, liquidando direitos econômicos e sociais.

A estratégia norte-americana identificava como inimigo, no período da Guerra Fria, o comunismo. Após seu término, o inimigo passou a ser a "guerra às drogas" e depois a "guerra ao terror". Nos países latino-americanos, erigiu-se a "guerra à corrupção" como o inimigo a ser combatido. É evidente, sem abandonar a luta contra o comunismo.

O livro *De Clinton a Obama* relata essa alteração do inimigo nos seguintes termos:

> "Nos Estados Unidos, após a Guerra Fria, a 'guerra às drogas' se tornou a razão principal do envolvimento militar; desde 2001, porém, assume destaque a 'guerra ao terror'"[44]. E também: "O combate à corrupção, uma temática inter-relacionada a todas as atividades ilícitas internacionais, aparece no texto de campanha no tópico sobre 'liberdade de oportunidade', destacando-o como um problema de urgência, pois corrói as estruturas sociais"[45].

A "guerra ao terror", usada contra movimentos que se opõem ao imperialismo norte-americano, e a luta "contra a corrupção"

[44] Ayerbe, Luís Fernando (org.). *De Clinton a Obama*: Políticas dos Estados Unidos para a América Latina. São Paulo: Unesp, Programa de Pós-Graduação em Relações Internacionais San Tiago Dantas, 2009, p. 80.

[45] Ayerbe, Luís Fernando. *Op. cit.*, p. 156.

passam a ser bandeiras a ser sustentadas como táticas de luta contra os movimentos sociais e governos progressistas.

Na América Latina e no Brasil, o inimigo é o "político corrupto"; na verdade, aquele que se coloca contra os interesses do mercado e a favor dos trabalhadores e do interesse nacional.

O falso combate à corrupção, na América Latina, passou a ser o biombo atrás do qual está seu verdadeiro objetivo: debilitar e derrubar governos progressistas. No caso do Brasil, a Lava Jato e o juiz Sérgio Mouro foram os instrumentos dessa manobra.

Tal fato foi denunciado pelo Wikileaks, com base em documento dos Estados Unidos que mostrou como a Lava Jato e o juiz Moro sofreram influência de agentes norte-americanos, capacitando profissionais para o combate a "crimes financeiros e terrorismo"[46].

No evento intitulado *Dialogue Event on Lessons From Brazil: Crisis, Corruption and Global Cooperation*, realizado em Washington em 19 de julho de 2017, Kenneth A. Blanco, procurador-geral adjunto da Divisão Criminal do Departamento de Estado dos Estados Unidos, declarou que:

> "It is hard to imagine a better cooperative relationship in recent history than that of the United States Department of Justice and Brazilian prosecutors. We have cooperated and substantially assisted one another on a number on public matters that have now been resolved and are continuing to do so on a number of ongoing investigations. Anti-corruption prosecutors everywhere are driven by similar principles: bribery of public officials is wrong, it has a devasting effect on our national security and civilized societies and violate the law must be treated as serious crimes" (*Justice News*, Departamento de Justiça, 19 de julho de 2017). Esta "cooperação no combate à corrupção no Brasil" teve o papel de criar as condições para impedir a candidatura de Lula e colocá-lo na cadeia[47].

[46] Jornal CGN, 05 de julho de 2016.

[47] Pardo, Sebastian Maag. *Lessons from Brazil*: Crisis, corruption and Global Cooperation. Atlantic Council, 19 de julho de 2017. Disponível em: https://www.atlanticcouncil.org/events/past-events/lessons-from-brazil-crisis-corruption-and-global-cooperation.

Tal revelação comprova a "cooperação" entre a Lava Jato e o Departamento de Justiça dos Estrados Unidos. Sob o falso argumento do combate à corrupção, na verdade, foi desencadeada uma ofensiva para golpear o ex-presidente Lula, a economia nacional, particularmente a Petrobras e o projeto de Nação que contrariava os interesses norte-americanos.

O uso do falso combate à corrupção, como forma de acobertar o objetivo de liquidar lideranças que defendem os direitos fundamentais, desvela a falsa ética individual. Falsa porque muitos de seus apoiadores são grandes corruptos. Na realidade, escondem-se atrás dessa falsa ética individual para negarem a ética social da defesa dos direitos dos trabalhadores e da justiça social.

No Brasil, também foram colocados na condição de inimigos internos os defensores dos direitos das mulheres, dos negros, da comunidade LGBT. Tais segmentos são objeto de discriminação, ódio e violência.

Para realizar o combate seletivo à corrupção, o mercado transformou o sistema de Justiça Criminal em espaço privilegiado da luta política. E o objetivo é claro: remover lideranças políticas que sejam obstáculo à imposição da política neoliberal, hegemonizada pelos Estados Unidos.

Assim, para atingir os objetivos de impor a lógica do mercado, foi adotada a doutrina do Direito Penal do inimigo. Para este não se exige provas, mas convicção. O direito passa a ser manipulado a serviço do objetivo político. O juiz deixa de ser um julgador imparcial para se transformar num agente político, cuja meta é liquidar com os inimigos.

A condenação do ex-presidente Lula insere-se nessa lógica. Sobre a aplicação do direito penal do inimigo, afirma Charlott Back que:

> "A sentença do Juiz Sergio Moro, que condenou o ex-Presidente Lula a nove anos e seis meses de reclusão por um suposto (e não comprovado) enriquecimento ilícito, fruto de uma alegada prática de corrupção, é um exemplo claro da

> aplicação da doutrina do Direito Penal do inimigo, com a finalidade de 'combater a corrupção no Brasil'"[48].

Na falta de provas, de ato de ofício, capazes de caracterizar ato criminoso por parte do ex-presidente Lula, o juiz Moro falou em atos de ofícios indeterminados.

Analisando essa questão, assim se expressa Pedro Serrano:

> "Na ausência de comprovação de que o ex-presidente tivesse recebido vantagens indevidas (o apartamento tríplex no Guarujá e a reforma do mesmo) como contrapartida por ter favorecido a empreiteira OAS em negociações com a Petrobras, Moro afirmou que o pagamento foi feito 'em troca de atos de ofício indeterminados, a serem praticados assim que as oportunidades apareçam'. Além de meramente especulativo, o fundamento foge totalmente dos limites postos na acusação, tratando-se, portanto, de imputação sem qual tenha havido direito a defesa"[49].

A influência norte-americana na Lava Jato visando impedir a candidatura de Lula e atacar a economia do País, sobretudo a Petrobras, fica cristalina. É uma evidente intervenção na soberania do Brasil. É o uso da falsa luta contra a corrupção para desestabilizar governos progressistas.

Analisando o abandono do princípio da presunção de inocência e sua substituição pela presunção de culpa, os autores do livro *Pilhagem* afirmam:

> "Nesses tribunais, em que estrangeiros suspeitos de terrorismo podem ser julgados, todas as referências das famosas garantias do processo penal norte-americano, inclusive o *habeas corpus*, foram extintas. Provas testemunhais de segunda mão, provas secretas e provas obtidas por meio de tortura são admitidas; não existe o privilégio advogado-cliente; e a presunção de culpa substituiu a

[48] Proner, Carol *et al* (org.). *Comentários a uma sentença anunciada* – Processo Lula. Bauru (SP): Canal 6, 2017, p. 106.

[49] Idem, p. 123.

presunção de inocência, como no caso dos negros na época do apartheid"[50].

Esse é o caso de Lula, em que o princípio constitucional da presunção de inocência foi abandonado para alcançar o objetivo de afastar da cena política uma liderança que criou obstáculos à implantação do projeto neoliberal no País.

A condenação de Lula, sem provas, evidencia a prática da justiça de exceção. O tratamento de inimigo que lhe foi dado – sem respeitar a presunção de inocência e os princípios de direitos contidos na Constituição, como a da condenação em última instância para determinar a prisão – não deixa dúvidas sobre o caráter político do seu julgamento.

Todavia, a parcialidade do juiz Moro e dos procuradores da Lava Jato e de Deltan Dallagnol ficou comprovada com a divulgação dos áudios das orientações dadas ilegalmente, pelo juiz, aos procuradores. Os diálogos revelados por Glenn Greenwald, do The Intercept Brasil, comprovam o que já era denunciado.

Moro não cumpriu seu papel de juiz com a isenção que o cargo exige. Não levou em conta o princípio da presunção de inocência. Não identificou atos de ofício para condenar o ex-presidente, mas criou o chamado "ato de ofício indeterminado". Assim, adotou uma atitude completamente parcial, uma postura política, cujo objetivo era colocar Lula na cadeia e impedir sua candidatura à presidência da República.

Os áudios trazem declarações que afrontam as disposições da Lei da Magistratura que até a *Folha de S. Paulo*, que apoiou a Lava Jato, em editorial intitulado *Pelo devido Processo*, trazia como subtítulo a frase "mensagens oriundas de ato ilícito mostram comportamento às raias da promiscuidade na relação entre Moro e procuradores da Lava Jato"[51].

---

[50] Mattei, Ugo; Nader, Laura. *Pilhagem* – Quando o Estado de direito é ilegal. Tradução de Jefferson Luiz Camargo; revisão técnica de Márcio Manoel Maidame. São Paulo: WMF Martins Fontes, 2013, p. 331.

[51] *FSP*, de 11 de junho de 2019.

Em um dos áudios, Dallagnol revela a fragilidade das denúncias contra Lula, ao afirmar que

> "A denúncia é baseada em muita prova indireta de autoria, mas não caberia dizer isso na denúncia, e na comunicação evitamos esse ponto". Ao que Moro responde: "definitivamente, as críticas à exposição de vocês são desproporcionais. Siga firme".

Esse diálogo deixa absolutamente explícita a orientação dada por Moro a Dallagnol para continuar com as falsas acusações contra Lula.

Moro, atuando ilegalmente como orientador dos procuradores, dá sugestão para investigação contra Lula nos seguintes termos: "Aparentemente a pessoa estaria disposta a prestar informação. Estou então repassando. A fonte é séria".

Outra gravação que demonstra a parcialidade do juiz Moro relaciona-se à divulgação da conversa entre Moro e Dallagnol sobre a divulgação do diálogo entre Dilma e Lula. O procurador dirige-se ao juiz nos seguintes termos:

> "A decisão de abrir está mantida mesmo com a nomeação. Confirma? E Moro responde: Qual a posição do MPF? E o primeiro responde: abrir"[52].

A divulgação ilegal da conversa incentivou o clima de mobilização a favor do *impeachment* da presidenta Dilma Rousseff. E diversas outras conversas confirmam a ação combinada entre o juiz e o Ministério Público para condenar Lula sem provas.

A revista *Veja*, que apoiou o golpe de 2016 e todas as arbitrariedades praticadas contra Lula e em apoio a Moro, publicou matéria com o título de capa *Justiça com as próprias mãos*, na qual diálogos inéditos mostram que Sérgio Moro cometeu irregularidades desequilibrando a balança em favor da acusação nos processos da Lata Jato[53].

---

[52] Idem.

[53] *Veja*, 10 de julho de 2019.

Na Carta ao Leitor, referindo-se aos diálogos veiculados pelo The Intercept, a revista afirma que

> "revela de forma cabal, como Sergio Moro exorbitava de suas funções de juiz, comandando as ações dos procuradores da Lava-Jato (...). Fica evidente que as ordens do então juiz eram cumpridas à risca pelo Ministério Púbico e que ele se comportava como parte da equipe de investigação, uma espécie de técnico do time – e não como um magistrado imparcial (...), os diálogos que publicamos nesta edição violam o devido processo legal, pedra fundamental do Estado de direito".

A continuidade das revelações foi evidenciando, cada vez mais, a gravidade da manipulação da justiça para fins políticos. Conversas de Lula mantidas sob sigilo pela Lava Jato foram veiculadas pelo The Intercept, jogando mais luzes sobre a fraude do ex-juiz Moro ao não divulgar os áudios em que o ex-presidente revelava as reais razões pelas quais aceitou o cargo de chefe da Casa Civil no governo Dilma.

Sobre os áudios da conversa entre a então presidenta Dilma e o então ex-presidente Lula, o ex-juiz Moro teve de se explicar junto ao STF por tê-los divulgado. Todavia, suas falsas justificativas não convenceram o ministro Teori Zavascki que as anulou e o repreendeu. Em sua decisão, o ministro afirmou que o juiz usurpara das atribuições do Supremo ao tratar a conversa de Dilma e Lula como válida, divulgar diálogos dela e de outras autoridades com foro na Corte e fazer juízos de valor sobre sua conduta sem ter competência legal para tanto.

Com o aprofundamento da crise política, a Câmara aprovou a abertura do processo de *impeachment* que afastou Dilma do cargo. Tal resultante comprovou que toda a ofensiva da Lava Jato tinha como objetivo liquidar o projeto de nação que afrontava os interesses do sistema financeiro internacional[54].

A impossibilidade de realizar as reformas estruturantes destinadas ao mercado levou a uma radicalização do neoliberalismo impondo o golpe à presidenta Dilma.

---

[54] *FSP*, 08 de setembro de 2019.

Juristas há muito denunciavam a parcialidade do juiz Moro. Mostravam que ele agia não como um juiz, mas como um agente político disposto a usar todas as armas para prender o ex-presidente Lula e impedir sua candidatura. Sua nomeação como ministro da Justiça, e os diálogos revelados pelo The Intercept Brasil comprovam a sua total parcialidade. O caráter ilegal é tão evidente que quase todos os órgãos da imprensa denunciaram o fato. Todavia, não tiraram a conclusão de que Lula foi condenado sem um julgamento imparcial.

Na época, diversas entidades de advogados se manifestaram, de forma incisiva, exigindo o afastamento do então ministro da Justiça, Sérgio Moro, e dos procuradores. A OAB, em nota, declarou-se "perplexa" pelas conversas que "ameaçam os alicerces do Estado democrático de Direito" e sugeriu o afastamento dos envolvidos no caso.

Também se pronunciaram inúmeras entidades de juristas. Em nota assinada por Lênio Streck, Pedro Serrano, Gisele Citadino, Arnóbio Rocha, Carol Proner e mais 97 juristas de renome nacional, divulgada pelo *Prerrogativas*, afirma-se que se trata de uma "conspiração política" e "um dos maiores escândalos nas Instituições do Poder Judiciário e Ministério Público na era pós-1988, exsurgindo, da leitura dos documentos, o crime de lesa-pátria que levou o Brasil a enorme caos econômico, desorganizando empresas e setores da Economia".

Tais fatos tiveram grande repercussão interna e internacional e abriram caminho para a anulação dos processos envolvendo o ex-presidente Lula. Na defesa da Lava Jato, foi aberta campanha ostensiva visando blindá-la. Procurando escudar-se no fato de que as informações foram obtidas ilegalmente, não se enfrentou o conteúdo e partiu-se para a defesa incondicional dos atos praticados pela Operação.

Nessa linha, manifestaram-se o então presidente Bolsonaro, o ministro do STF, Luís Roberto Barroso, o general Villas Bôas, entre outros. A TV Globo encheu seu noticiário de declarações dos envolvidos, considerando aquelas que em verdade representavam uma afronta ao Estado Democrático de Direito.

Sempre que a soltura de Lula entrava em pauta, lideranças militares se manifestaram de forma furiosa contra a hipótese. O general Villas Bôas, então comandante do Exército, declarou, em entrevista à *Folha de S. Paulo*, que calculou "intervir" caso o STF desse *habeas corpus* a Lula. Foi uma clara advertência ao STF, numa evidente demonstração da tutela militar que estamos vivendo[55].

Quando o STF estava diante do julgamento de outro *HC* que alegava parcialidade do juiz Moro, o general Luiz Gonzaga Schroeder, em entrevista ao *Estadão* declarou: "se o STF liberar Lula, haverá confrontação e não será pacífica"[56].

Tais declarações representam uma afronta à Constituição, que impede os militares de intervirem em assuntos políticos. É uma coação sobre o Supremo Tribunal Federal em seu papel de garantir o respeito à Constituição e ao Estado Democrático de Direito.

Toda essa situação aponta para o fato de que, durante o governo Bolsonaro, vivemos sob um autoritarismo neoliberal, onde medidas de exceção foram praticadas. O País poderia ter caminhado para um regime ditatorial de cunho neofascista caso a democracia não fosse vitoriosa com a eleição de Lula.

Notícias recentes comprovam a existência de uma ABIN paralela, durante o governo neofascista, com o uso ilegal da Agência Brasileira de Informações (ABIN) para monitorar o STF e parlamentares e proteger os filhos do então presidente[57].

Com a vitória de Lula, o neoliberalismo perdeu controle do governo como caminho para impor a lógica do mercado. Agora atua por outros meios para inviabilizar as políticas econômicas e sociais do governo federal. No congresso impondo derrotas ao governo e dificultando a aprovação de medidas que beneficiem as políticas governamentais. No Banco Central, adotando uma política de juros altos que inibem o crescimento econômico do país. No Judiciário, combatendo os direitos trabalhistas e sua justiça.

---

[55] *FSP*, 11 de novembro de 2018.

[56] TVcidade News, 16 de janeiro de 2019.

[57] *FSP*, 12 de julho de 2024.

Em conclusão deste item, destaca-se o fato de que o neoliberalismo, em sua fase atual, necessita impor um regime autoritário como condição para viabilizar os radicais cortes de direitos. Para isso rompe com os limites do poder, próprios de um regime democrático, adotando medidas de exceção para viabilizar seu projeto.

Alguns autores chamam a fase atual do neoliberalismo de ultraliberalismo, porque antes o neoliberalismo convivia com a democracia liberal. O que hoje se tornou impossível.

É importante identificar que a criação da figura do inimigo interno faz parte da estratégia norte-americana.

Na condição de inimigo, o neoliberalismo, nos dias atuais, coloca o Estado e a política, por avaliar que estes inibem o livre exercício do mercado. Isso explica a feroz campanha de demonização do Estado Democrático, da política, dos partidos políticos e dos políticos. Tal campanha é, na realidade, a negação da própria democracia, pois não existe democracia sem política, sem a participação da sociedade, sem o contraditório.

Nos países latino-americanos, erigiu-se a "guerra à corrupção" como o inimigo a ser combatido, sem abandonar a luta contra o comunismo.

O falso combate à corrupção, na América Latina, passou a ser o biombo atrás do qual está seu verdadeiro objetivo: debilitar e derrubar governos progressistas. No caso do Brasil, a Lava Jato e o juiz Sérgio Mouro foram os instrumentos dessa manobra.

Assim, para atingir os objetivos de impor a lógica do mercado, foi adotada a doutrina do Direito Penal do inimigo. Para este não se exige provas, mas convicção. O direito passa a ser manipulado a serviço do objetivo político. O juiz deixa de ser um julgador imparcial e se transforma num agente político, cuja meta é liquidar com os inimigos.

A condenação do ex-presidente Lula se insere nessa lógica. Sobre a aplicação do direito penal do inimigo, o objetivo era prender o ex-presidente Lula, impedir sua candidatura e criminalizar empresas brasileiras como a Petrobras.

No Brasil vivemos sob um autoritarismo neoliberal, durante o governo Bolsonaro, por meio do qual medidas de exceção foram praticadas. O País poderia ter caminhado para o regime de exceção em sua forma plena, um regime ditatorial de cunho neofascista caso o povo não tivesse obtido a vitória de Lula.

Capítulo III

Origens das ideias da extrema-direita

1. O Conservadorismo nos EEUU

Conhecer as origens do pensamento conservador e de extrema-direita, mais recente, é importante pelo impacto que ele exerce na luta ideológica do Brasil. Ele tem suas bases sobretudo nos Estados Unidos.

O artigo/dossiê das direitas, intitulado *MODERNO CONSERVADORISMO AMERICANO E A LUTA PARA "SALVAR" OS EUA DO COMUNISMO, DO LIBERALISMO E DA INTEGRAÇÃO RACIAL (1955-1959*), elaborado por Rodrigo Farias de Sousa, da Universidade Federal do Rio de Janeiro, publicado pela REVISTA DE HISTÓRIA, de São Paulo, ajuda-nos a entender como se organizaram as direitas nos Estados Unidos e no Brasil[58].

O escritor relata que o moderno conservadorismo americano constituiu-se na década de 1950 com dois objetivos primordiais: combater a ameaça representada pelo comunismo internacional e subverter a dominância exercida pelo liberalismo do New Deal,

[58] Edição nº 180 da revista *História*, da FFLCH-USP, 25 de março de 2021. Disponível em: https://doi.org/10.11606/issn.2316-9141.rh.2021.167096.

cuja influência no governo, na sociedade e na cultura fragilizaria a posição dos EEUU na Guerra Fria e poria em risco os melhores valores nacionais.

O artigo examina algumas das premissas desse conservadorismo, tomando como amostragem a revista *National Review*, fundada por William F. Buckley Jr. Em particular, analisa-se como a publicação abordou o fim da segregação racial nas escolas públicas, determinada pela Suprema Corte dos Estados Unidos em 1954.

A denúncia da "experimentação social radical" dos liberais é expressa numa declaração publicada logo no primeiro número, intitulada *Credo*. Desta, dos sete itens, destacamos três:

> "A- É trabalho do governo centralizado (em tempos de paz) proteger a vida, a liberdade e a propriedade dos seus cidadãos. Todas as outras atividades do governo tendem a diminuir a liberdade e atrapalhar o progresso. O crescimento do governo (o traço social dominante deste século) deve ser combatido sem tréguas. Neste grande conflito social de nossa era, nós estamos, sem reservas, do lado libertário.
> B- A profunda crise de nossa era é, em essência, o conflito entre os Engenheiros Sociais, que buscam ajustar a humanidade de acordo com utopias científicas, e os discípulos da Verdade, que defendem a ordem moral orgânica. Neste ponto, estamos, sem reservas, do lado conservador".

Essas duas premissas levam naturalmente à terceira, particularmente importante no contexto geopolítico da época e um dos pilares da orientação editorial da revista:

> "C- A mais flagrante força de utopismo satânico deste século é o comunismo. Nós não consideramos a 'coexistência' com o comunismo nem desejável nem possível, nem honrosa; achamo-nos irrevogavelmente em guerra com o comunismo e nos oporemos a qualquer substituto que não a vitória"[59].

Aqui estão sistematizadas as ideias básicas da direita: a defesa da propriedade e o combate ao Estado, ou seja, a defesa do

[59] *National Review*, 19 de novembro de 1955.

capitalismo e o combate a qualquer forma de intervenção do Estado, mesmo nos marcos do capitalismo. E o combate às políticas sociais e ao comunismo.

Citando De Meyer, afirma que ele, em texto de sua coluna *Principles and Heresies* (Princípios e heresias), publicado na *National Review*, de 14 de junho de 1958, sob o título *The meaning of McCarthyism* (O significado do macarthismo), o autor trata sobre as características predominantes do liberalismo em sua época, enumerando algumas "verdades" que teriam vindo à tona com o macarthismo:

1. O liberalismo contemporâneo está em concordância com o comunismo no ponto mais essencial – a necessidade e desejabilidade do socialismo;
2. ele considera todo valor herdado – teológico, filosófico, político – como desprovido de virtude ou autoridade intrínseca;
3. nenhuma diferença irreconciliável, portanto, existe entre ele e o comunismo – só diferenças quanto aos métodos e aos meios;
4. em vista destas características da sua ideologia, os Liberais são inadequados para a liderança de uma sociedade livre, e intrinsecamente incapazes de oferecer oposição séria à ofensiva comunista[60].

Tal posição coloca o liberalismo como uma forma suave de social-democracia, estando em concordância com o comunismo, tendo diferenças apenas em métodos. Isso demonstra como a

[60] No vocabulário político dos Estados Unidos, liberalismo não tem o mesmo sentido que em outras partes do mundo. Genericamente falando, ele corresponde a um posicionamento de centro-esquerda, mais moderado que a social-democracia europeia, caracterizado pela defesa de uma economia capitalista regulamentada, políticas de proteção a minorias e a defesa de direitos individuais. Na história americana, o liberalismo (ou moderno liberalismo, em oposição ao liberalismo clássico do século XIX) nasce do reformismo do movimento progressista do início do século XX e do intervencionismo econômico posto em prática pelo *New Deal* do governo de Franklin Roosevelt (1933-1945). No período de que tratamos aqui, existia o liberalismo do Partido Democrata como também o do Republicano, e eram vistos pelos conservadores como a epítome do *status quo*.

extrema-direita, visando combater qualquer expressão de defesa dos direitos sociais, coloca de forma descabida, num mesmo plano, desde a social-democracia mais *light* até o socialismo e o comunismo.

Trata-se, em verdade, da crítica a qualquer tipo de política como a colocada em prática nos Estados Unidos, pelo presidente Roosevelt em 1933, com o New Deal. Política inspirada nas teorias keynesianas de defesa da participação do Estado na economia e medidas sociais para enfrentar a crise e salvar o capitalismo.

O reacionarismo da direita neofascista envolve na condição de comunistas, não só os comunistas como também os socialistas, sociais-democratas, cristãos de esquerda, enfim todos aqueles que combatem as mazelas do capitalismo e defendem os direitos sociais e a democracia.

Da análise acima, destaca-se como importante conhecer as origens do pensamento conservador e de extrema-direita, mais recente, pelo impacto que ele exerce na luta ideológica do Brasil. Ele tem suas bases, sobretudo, nos Estados Unidos.

O moderno conservadorismo americano constituiu-se na década de 1950 com dois objetivos primordiais: combater a ameaça representada pelo comunismo internacional e subverter a dominância exercida pelo liberalismo do *New Deal*.

A denúncia da "experimentação social radical" dos liberais é expressa numa declaração publicada logo no primeiro número da revista *National Review*, intitulada *Credo*. Nela, estão sistematizadas as ideias básicas da direita: a defesa da propriedade e o combate ao Estado, às políticas sociais, à social-democracia, ao socialismo e ao comunismo.

Sob o título *The meaning of McCarthyism* ("O significado do macarthismo"), são indicadas algumas "verdades" que teriam vindo à tona com o macarthismo: o liberalismo contemporâneo estaria em concordância com o comunismo no ponto mais essencial – a necessidade e desejabilidade do socialismo e que não há nenhuma diferença irreconciliável entre ele e o comunismo.

O reacionarismo da direita neofascista envolve na condição de comunistas, não só os comunistas como também os socialistas, sociais democratas, cristãos de esquerda, enfim todos aqueles que combatem as mazelas do capitalismo e defendem os direitos sociais e a democracia.

2. O Neoliberalismo e o Combate às Ideias Progressistas

Em debate sobre comunicação, realizado em Goiás, durante as JORNADAS PELA PREVALÊNCIA DAS IDEIAS DEMOCRÁTICAS E PROGRESSISTAS, Marcus Nogueira, cientista social da UNESP, e Fernanda Sarkis, professora da UnB, deram importante contribuição sobre o surgimento e a consolidação das ideias neoliberais e de extrema-direita[61].

Em sua intervenção, Marcus Nogueira esclareceu que a pesquisa, realizada por ele e por Fernanda Sarkis, teve início em Portugal, e em seu decurso logo perceberam que há uma internacionalização do discurso antiprogressista.

Segundo o conferencista, a ideia liberal na economia, e conservadora nos costumes, foi criando corpo desde a Sociedade Mont Pelerin, criada em 1947. Ela pregava a promoção do liberalismo, passando pelo surgimento de institutos chamados think tank, que são unidades de difusão dessas ideias.

Ele afirmou que Hayek defendia que "A sociedade só vai mudar com uma transformação de ideias. Primeiro você precisa atingir os intelectuais, professores e escritores com bons argumentos. Vai ser a influência deles na sociedade que vai prevalecer, a partir daí os políticos vão aderir"[62].

---

[61] As *Jornadas pela Prevalência das Ideias Democráticas e Progressistas* foram realizadas em 2023, sob os auspícios da Universidade Federal de Goiás, da Universidade Católica de Goiás, da Universidade Federal de Rio Verde, da Universidade Federal de Catalão, do Instituto Federal de Ensino de Goiás e do Instituto Federal de Ensino de Goiânia, bem como com a participação de lideranças políticas e intelectuais.

[62] Nogueira, Marcus; Sarkis, Fernanda. *Comunicação no Contexto da luta ideológica no Brasil*, 4 de outubro de 2023. Jornadas pela Prevalência das ideias democráticas e progressistas. Goiânia: Pontifícia Universidade Católica de Goiás,

Nessa afirmação Hayek dá destaque à luta de ideias como caminho para mudar a sociedade. E ressalta que o centro da atividade deve se voltar para "intelectuais, professores e escritores", só depois para os políticos.

Esse foi o caminho adotado no Brasil por Olavo de Carvalho e seus seguidores. Ele sempre destacava as formulações de Gramsci sobre a luta de ideias, investia contra as universidades públicas como focos do pensamento de esquerda, bem com atacava Paulo Freire como um dos responsáveis pela difusão das ideias progressistas nas universidades.

A formação de *Think Tanks* foi de grande importância para o desenvolvimento das ideias de direita e extrema-direita. Em 1955 foi criada a primeira – 1º Public Opinion Think Tank (POTT) – que definia como sua missão "melhorar a compreensão das instituições fundamentais de uma sociedade livre, analisando e expondo o papel dos mercados na solução de problemas econômicos e sociais". Ou seja, sua missão essencial era a difusão de ideias sobre o papel do mercado.

E o padrão de atividades das *Think Tanks* era sempre o mesmo: mobilização de professores e catedráticos, formação de alunos, publicação de artigos de alunos com professores, realização de evento de mobilização e criação de revistas acadêmicas.

É significativo considerar que esse trabalho de elaboração de ideias, difusão e preparação de professores e estudantes, realizado durante anos, contou com muito dinheiro, com o envio de estudantes para os Estados Unidos, e teve como resultado a formação de uma intelectualidade de direita, com forte presença entre professores e estudantes.

Em 1981 foi fundada a Atlas Economic Research Foundation, organização sem fins lucrativos, com sede nos Estados Unidos, que atua como um guarda-chuva para *Think Tanks* "libertários" e de livre mercado, que hoje reúne mais de 600 *Think Tanks*.

Em 1990 foi fundado o Acton Institute para o Estudo da Religião e Liberdade, com a missão de "promover uma sociedade

---

outubro de 2023. Disponível em: https://www.pucgoias.edu.br/noticias/acao-interinstitucional-promove-as-jornadas-pela-democracia/.

livre e virtuosa caracterizada pela liberdade individual, fundado com base em dez Princípios Fundamentais, integrando a Verdade Judaico-Cristã e os princípios do Livre Mercado"[63]. Essa organização procura articular várias *think tanks* em torno da religião da defesa do mercado e das ideias da extrema-direita.

No Brasil a propaganda das ideias neoliberais foi amplamente divulgada através de aproximadamente dez mil balões com a frase "Menos Marx, Mais Mises", no dia de 13 de março de 2016, na Avenida Paulista. Foi uma iniciativa do Instituto Atlantos que também distribuiu folhetos e artigos para explicar sucintamente as teorias econômicas da Escola Austríaca que, segundo eles, teria enterrado as bases teóricas do socialismo.

Entre 2016 e 2018, os parceiros da Atlas Network no Brasil passaram anos preparando as bases para que as ideias de liberdade estivessem presentes neste momento. Em 2018 ela divulgou o texto *Rebranding Liberty* (Reformulação da Liberdade), no qual afirma que

> "As pessoas merecem o novo tipo de liberdade, aquele que conduz com uma narrativa emocionalmente envolvente; uma que seja pró-mercado, não pró-negócios; aquele que é jovem e liderado por jovens; aquele que está conquistando o terreno moral elevado; e aquele que está mais entusiasmado e animado do que nunca".

Eles adotam uma história que mobiliza, que faça as pessoas se sentirem parte da história. Para isso, usam a linguagem do cinema.

Fernanda Sarkis lembrou que as pesquisas mostram que a população brasileira realmente acredita na implantação do comunismo, mas muito mais como uma ideia conservadora e cultural do que sobre o conceito real de comunismo que articulamos na universidade. Segundo ela, esses setores difundem mensagens de desinformação e atacam o Foro de São Paulo como veículo das ideias socialistas e comunistas.

---

[63] Acton Institute. *Nossa Missão e Princípios Fundamentais*, 30 de outubro de 2024. Disponível em: https://www.acton.org/about/mission.

No combate às ideias progressistas, destaca-se a constatação de que a ideia liberal na economia, e conservadora nos costumes, foi criando corpo desde a Sociedade Mont Pelerin, fundada em 1947, e pregava a promoção do liberalismo.

Hayek defendia que a sociedade só vai mudar com uma transformação de ideias, atingindo primeiro os intelectuais, professores e escritores e que a influência deles na sociedade vai prevalecer e influenciar os políticos.

A formação das *Think Tanks* foi de grande importância para o desenvolvimento das ideias de direita e extrema-direita. Em 1955 foi criada a primeira – 1º Public Opinion Think Tank (POTT) – cuja sua missão essencial era a difusão de ideias sobre o papel do mercado. E outras articulavam a religião na defesa do mercado e das ideias da extrema-direita.

Esse foi o caminho adotado no Brasil por Olavo de Carvalho e seus seguidores, na propaganda das ideias neoliberais.

Os parceiros da Atlas Network no Brasil passaram anos preparando as bases para que as ideias de liberdade estivessem presentes.

A Atlas Network – Rebranding Liberty (Reformulação da Liberdade) defende que as pessoas merecem o novo tipo de liberdade (...) narrativa emocionalmente envolvente (...), uma que seja pró-mercado, voltada para os jovens.

A pesquisa mostrou como a criação das *Think Tanks* foi fundamental para o desenvolvimento e a difusão das ideias da extrema-direita, seguindo a diretriz de Hayek: ganhar primeiro a intelectualidade para depois ganhar os políticos. O êxito desse processo passou por polpudos investimentos dos empresários neoliberais.

No Brasil um dos fantasmas da extrema-direita é o Fórum de São Paulo que seria um instrumento para difusão do socialismo e do comunismo.

3. Neoliberalismo e Estado

Uma das ideias-chave do neoliberalismo é o combate ao papel do Estado na economia. Por isso defende a máxima de "mais mercado e menos Estado". O combate, sem tréguas, ao papel do Estado na economia é central.

Todavia é bom acentuar que os neoliberais são contra a intervenção do Estado para proteger os pobres e a soberania nacional. No entanto, eles são a favor de colocar em prática as políticas neoliberais, apoiar financeiramente os capitalistas em situações de crise e reprimir os movimentos sociais.

Contraditando o neoliberalismo, há experiências da intervenção do Estado na economia em países capitalistas. Um bom exemplo sobre o papel do Estado no desenvolvimento econômico, nos marcos do capitalismo, deu-se nos Estados Unidos com o *New Deal*. Ele foi realizado pelo governo Franklin Delano Roosevelt, após a crise da 1929, visando retomar o crescimento da economia norte-americana.

O programa ampliou a participação do Estado na economia, regulando as transações econômicas e a produção, como também realizando obras públicas para estimular a criação de empregos. Com isso a economia norte-americana voltou a crescer. As ações do *New Deal* seguiam as ideias econômicas preconizadas na economia pelo economista John Keynes. Mas o neoliberalismo faz uma crítica feroz ao Estrado, inclusive à política do *New Deal*.

No Brasil, conforme Jessé Souza, as classes dominantes procuram

> "demonizar o Estado o identificando como corrupto e ineficaz (...), a elite do dinheiro ganha uma espécie de carta na manga que pode ser usada sempre que a soberania popular ponha no poder, inadvertidamente, alguém contrário aos interesses do poder econômico"[64].

[64] Souza, Jessé. *A Elite do atraso*. Rio de Janeiro: Estação Brasil, 2019.

A demonização do Estado tem o objetivo claro de inibir os defensores do desenvolvimento e da soberania nacional. E Jessé Souza desmascara essa manobra ideológica das classes dominantes brasileiras.

A história brasileira está cheia de exemplos, como os governos de Getúlio, Jango e Lula, que, ao se colocarem ao lado dos trabalhadores e em defesa dos interesses nacionais, despertaram a ira das classes dominantes locais e do imperialismo norte-americano que desencadearam campanhas com falsos ataques à corrupção desses governos, visando a sua derrubada.

Analisando a privatização do Estado e a corrupção, Jessé Souza destaca que,

> "Na verdade, o Estado é privatizado em todo lugar, e a noção de patrimonialismo apenas esconde mais esse fato fundamental, possibilitando uma dupla invisibilização dos interesses privados que realmente dominam o Estado e do rebaixamento geral, dos brasileiros, que passam a tratar não apenas os estrangeiros, mas os interesses estrangeiros, como superiores e produtos de uma moralidade superior. A atual destruição da Petrobras – sob a acusação de corrupção patrimonialista, como se as petroleiras estrangerias que irão substituí-la também não o fossem e em grau seguramente muito maior – é um perfeito exemplo prático dos efeitos vira-latas dessa teoria"[65].

As denúncias sobre a Petrobras vieram à tona através do The Intercept Brasil sobre o envolvimento do então juiz Moro com órgãos do governo norte-americanos para prejudicar a economia brasileira, em particular a Petrobras. Tal fato revela as graves consequências que a Operação Lava Jato trouxe para o país.

Jessé Souza ressalta que

> "o passado que nos domina não é a contiguidade com o Portugal pré-moderno que nos legaria a corrupção só do Estado (...). Nosso passado intocado, precisamente por seu esquecimento, é do escravismo. Do escravismo nós herdamos

[65] Souza, Jessé. *Op. cit.*, p. 145.

> o desprezo e o ódio covarde pelas classes populares que tornou impossível uma sociedade minimamente igualitária como a europeia. Foi justamente porque a Europa não teve escravidão que Norbert Elias pôde construir o processo civilizatório europeu a partir da ruptura com a escravidão da antiguidade"[66].

O autor mostra o falso argumento de que a formação social do país tem sua principal característica na relação herdada de Portugal. Ele destaca ao contrário que a característica essencial da formação social brasileira é herdada da escravidão, e que o autoritarismo, a violência, a discriminação social e racial provêm da escravidão.

E denuncia o vira-latismo das elites brasileiras, ao pontuar que:

> "Ora, porque só no Estado teríamos corrupção, se para essa teoria (vira-lata) todo povo é corrupto e inferior? Só pode ser porque o Estado é a única instituição moderna que pode ser influenciada, por meio do voto, pelos pobres e negros excluídos e abandonados. Criminalizar apenas o Estado equivale então a criminalizar a própria soberania popular, única instância autorizada de participação dos pobres"[67].

Aqui o autor "coloca o dedo na ferida", ao questionar por que só o Estado é corrupto! E mostra que essa criminalização do Estado equivale à criminalização da soberania popular. Como vimos, o neoliberalismo prega que a economia deve estar separada da política, ou seja, da interferência da soberania popular. Nos países onde o Estado passa a exercer o papel na gestão da economia e em assuntos como educação e saúde, o ataque passa a ser a denúncia da corrupção estatal.

Todos sabemos que a corrupção privada está presente nos diversos segmentos da economia. São constantes as denúncias da corrupção privada, entre as quais a corrupção eleitoral que tem assegurado a eleição de um grande número de parlamentares ligados aos interesses das classes dominantes.

[66] Idem, p. 160.
[67] Idem, p. 35.

Fica claro, então, que a luta ideológica, apesar de ter influências de outros países, ganha características próprias em cada país em função de suas origens econômicas, sociais e culturas. No caso do Brasil, são influências decisivas a escravidão e a dependência.

> "O ódio ao pobre hoje em dia é a continuação ao ódio devotado ao escravo de antes (...), a corrupção foi, portanto, o mero pretexto para permitir a expressão socialmente aceitável do sadismo contra os pobres, o covarde ódio de classe que é o verdadeiro DNA da sociedade brasileira"[68].

Analisando a gênese norte-americana da destruição do sonho brasileiro, Jessé demonstra o papel dos irmãos Koch na propagação das ideias de Hayek. Mostra que eles, herdeiros de um complexo petrolífero e químico, eram filhos de um magnata que admirava, e apoiou, Hitler na construção de sua estrutura petrolífera. Eles exerceram importante papel na formação da extrema-direita em vários países do mundo.

> "Charles Koch era engenheiro de formação e imaginou uma 'linha de produção' para propagar as ideias 'libertárias' de Friedrich Hayek, a quem admirava desde jovemayek H, e outras ideologias em seu benefício. Primeiro era necessário ter 'matéria-prima': as ideias dos intelectuais que se mostrassem úteis. Em segundo lugar vinham os investimentos em think tanks, que transformavam essas ideias em políticas públicas concretas e projetos de lei. Em terceiro lugar, finalmente, vinham os 'movimentos sociais' e associações de cidadãos, na verdade pagos por eles, para pressionar a mudança de leis e a condução da política. Foi criada toda uma linha de montagem libertária a reacionária. Para os Koch, o planejamento era fundamental. E a linguagem a ser usada era dos 'direitos', os direitos corporativos, evidentemente. Primeiro vinha a ideologia, e só depois as eleições e a compra direta da política"[69].

---

[68] Souza, Jessé. *Op. cit.*,p. 70.

[69] Souza, Jessé. *A Guerra contra o Brasil*. Rio de Janeiro: Estação Brasil, 2020, p. 154.

A fórmula de Hayek de preparar a intelectualidade é seguida à risca, pelos irmãos Koch, através do financiamento da montagem de Think Tanks. Elas têm a responsabilidade de formulação de políticas públicas neoliberais a serem corporificadas em projetos de lei. Outra iniciativa é a criação de movimentos para dar consequência prática às ideias.

O neoliberalismo considera que o terreno da liberdade é o mercado e que o Estado é o terreno da opressão. Todavia, liberdade para o neoliberalismo é a liberdade, para o capital, que assegure maiores lucros mesmo prejudicando os interesses da sociedade e da economia nacional. Por isso seu lema é "mais mercado e menos Estado".

Milton Friedman, em seu livro *Capitalismo e Liberdade*, afirma que é tarefa do governo

> "manter a lei e a ordem, os direitos de propriedade (...), o que o mercado faz é reduzir sensivelmente o número de questões que devem ser decididas por meios políticos"[70].

Ou seja, garantir a ordem, a lei e a propriedade, com o mercado reduzindo ao menos possível as questões a serem decididas por meios políticos. A tarefa do Estado deve ser garantir os lucros do capital e não interferir em políticas que possam melhorar as condições de vida do trabalhador.

O neoliberalismo, por sua vez, procura fragilizar o Estado nos países dependentes como caminho para facilitar seu domínio. O argentino Atilio Borón declara que

> "os Estados, preferencialmente na periferia capitalista, foram conscientemente enfraquecidos quando não selvagemente sangrados pelas políticas neoliberais a fim de favorecer o predomínio sem contrapesos dos interesses das grandes empresas (...), na realidade o neoliberalismo culmina em um dilema muito mais grave e, talvez por isso, muito menos explicado: mercado ou democracia. A democracia é o verdadeiro inimigo, aquilo que está no fundo da crítica antiestatista do

[70] Friedman, Milton. *Capitalismo e Liberdade*. Rio de Janeiro: Artenova, 1985, p. 39.

neoliberalismo. Não é o Estado a quem se combate, mas o Estado democrático"[71].

Atilio Borón mostra que a fragilização dos Estados nacionais, dos países da periferia capitalista, visou aos interesses do grande capital, além de colocar em evidência que o que se combate é o Estado Democrático. Tanto assim que o Estado autoritário e fascista é o meio adotado para a imposição das políticas neoliberais.

Importante estudo sobre o papel do Estado nos países em desenvolvimento foi elaborado pelo Observatório do Estado Latino-Americano, sob o título *Estado e desenvolvimento: Ensaio de uma crítica às teorias tradicionais de desenvolvimento*, no qual são analisadas as teorias da CEPAL sobre o desenvolvimento dos países da América Latina[72].

O texto afirma que a corrente de pensamento econômico-estruturalista teve origem na América Latina dos anos 1950, através principalmente da Comissão Econômica para a América Latina e o Caribe (Cepal), órgão criado pela ONU com o objetivo de incentivar o desenvolvimento nessa região. O estruturalismo rompe com a ideia liberal de que os países latino-americanos eram subdesenvolvidos apenas por falta de recursos e das "políticas liberais adequadas". Para eles, o subdesenvolvimento é decorrente da forma como se estruturaram historicamente essas economias.

O economista de maior destaque no início da discussão foi o argentino Raúl Prebisch, o primeiro a falar sobre a distinção entre o "centro" e a "periferia" do sistema capitalista. A principal tese de Prebisch é a Teoria da deterioração dos termos de troca, também conhecida como "teoria das trocas desiguais", na qual ele contesta a tese de David Ricardo sobre as vantagens comparativas, afirmando que um dos problemas da América Latina era que estes países eram em grande parte agroexportadores, enquanto importavam produtos industrializados do centro.

---

[71] Borón, Atilio. *Estado, Capitalismo e Democracia na América Latina*. Rio de Janeiro: Paz e Terra, 1994, p. 48.

[72] Santos, Steici dos. Estado e Desenvolvimento: Ensaio de uma crítica às teorias tradicionais de desenvolvimento. Publicações, Textos para Discussão. Observatório do Estado Latino-Americano (ODELA). Porto Alegre: UFRGS, 18 de Outubro de 2018. Disponível em: https://www.ufrgs.br/odela/2018/10/

Ao lado de Raúl Prebisch, outro pensador fundamental para a escola estruturalista foi Celso Furtado, que também tratou da necessidade da industrialização das economias periféricas a fim de superar o subdesenvolvimento.

Furtado foi mais longe e criou a Teoria do Subdesenvolvimento. O subdesenvolvimento seria a assimetria entre os avanços tecnológicos da periferia e os objetos de consumo do estilo de vida, já que na periferia há uma grande absorção dos padrões de consumo do centro do sistema sem haver um respectivo desenvolvimento dos métodos de produção.

As teorias cepalinas e de Celso Furtado exerceram importante papel entre economistas progressistas do Brasil. E o papel do Estado no desenvolvimento econômico foi acatado por destacados segmentos da sociedade. Getúlio Vargas já praticara a política desenvolvimentista, e por isso sua política econômica foi contestada pelos neoliberais.

A Constituição de 1988 não adotou a visão liberal de que o mercado traria naturalmente o desenvolvimento e sim uma concepção desenvolvimentista. É possível observar no artigo 147 que o Constituinte colocou o Estado como ator central na decisão das políticas desenvolvimentistas. É evidente que, sendo um país capitalista, preservou o papel do capital privado.

Vale destacar que o Brasil foi um país de industrialização tardia. Entramos na era industrial com 150 anos de atraso em relação às nações desenvolvidas. E o Estado exerceu importante papel no seu desenvolvimento industrial.

A opção pelo neoliberalismo, iniciada no governo Collor e aprofundada no governo Fernando Henrique Cardoso, abriu o caminho para o processo de redução do papel do Estado com as privatizações de empresas estatais.

Durante os governos Lula e Dilma, a ênfase no desenvolvimento voltou, mesmo que limitado pelo chamado tripé macroeconômico – câmbio flutuante, meta de inflação e meta fiscal.

Todavia o governo Temer, com seu programa *Ponte para o Futuro*, na verdade ponte para o passado, retornou com a política neoliberal. Seguindo a política neoliberal de ajuste fiscal, conseguiu aprovar a emenda constitucional do teto de gastos impondo limites a gastos futuros do governo federal.

Também conseguiu aprovar a malfadada reforma trabalhista que liquidou com direitos históricos conquistados pelos trabalhadores. A Lei fez prevalecer o negociado sobre o legislado, enfraquecendo as normas da Consolidação da Legislação Trabalhista (CLT), ao precarizar o trabalho e enfraquecer o movimento sindical com a contribuição sindical deixando de ser obrigatória.

Mas a consolidação dessa guinada deu-se com o ministro da Economia Paulo Guedes, neoliberal radical, membro da Escola de Chicago, assessor da ditadura Pinochet, no Chile.

A autonomia do Banco Central foi estabelecida por lei durante o governo Bolsonaro. Foi uma importante conquista do neoliberalismo, pois a falsa independência do Banco Central é, na verdade, a dependência ao capital financeiro. Ele é independente do governo eleito pela soberania popular e dependente do mercado. Tal decisão é parte integrante da lógica neoliberal de afastar as decisões econômicas da política, ou seja, da participação popular.

Além de asegurar a autonomia do Banco Central, o governo neofascista aprovou a Reforma da Previdência, a Lei de Liberdade Econômica, o Novo Marco Legal do Saneamento e algumas privatizações.

Com a vitória eleitoral de Lula, as correntes neoliberais investem para impor as regras do mercado, seja defendendo a completa autonomia do Banco Central, seja defendendo a privatização da Petrobras, do Banco do Brasil e da Caixa Econômica Federal.

Pela análise da relação entre neoliberalismo e Estado, constata-se que o combate ao papel do Estado na economia é central para o neoliberalismo. Daí a demonização do Estado.

No Brasil essa demonização é realizada com a identificação entre Estado e corrupção. Comentando essa questão, Jessé Souza questiona por que só no Estado teríamos corrupção, se para essa teoria (vira-lata) todo povo é corrupto e inferior, explicando que isso ocorre porque o Estado pode ser influenciado pelos pobres e negros excluídos e abandonados. Aí reside o interesse dos capitalistas de afastar as decisões econômicas da esfera política.

Milton Friedman, em seu livro *Capitalismo e Liberdade*, deixa clara essa política ao afirmar que é tarefa do governo

> "manter a lei e a ordem, os direitos de propriedade (...), o que o mercado faz é reduzir sensivelmente o número de questões que devem ser decididas por meios políticos".

Surgiu na América Latina uma crítica, originada na Comissão Econômica para a América Latina (CEPAL), às visões dos países de capitalismo desenvolvido sobre o desenvolvimento. A base da política econômica cepalina fundava-se na "teoria da deterioração dos termos de troca", ou "teoria das trocas desiguais", na qual identificava que um dos problemas da América Latina era estes países serem em grande parte agroexportadores, enquanto importavam produtos industrializados do centro. Tanto a CEPAL como Celso Furtado inspiravam-se nas teorias keynesianas e estruturalistas.

Celso Furtado desenvolveu a Teoria do Subdesenvolvimento, por meio da qual mostrava a assimetria tecnológica entre as economias desenvolvidas e subdesenvolvidas, destacando a necessidade da industrialização como caminho para superar o subdesenvolvimento.

As teorias cepalinas e de Celso Furtado exerceram importante papel entre economistas progressistas do Brasil. E o papel do Estado no desenvolvimento econômico foi acatado por importantes segmentos da sociedade. Aliás, Getúlio Vargas já praticara a política desenvolvimentista.

A Constituição de 1988 optou pelo Estado Social. Não adotou a visão liberal de que o mercado traria naturalmente o desenvolvimento.

A opção pelo neoliberalismo, iniciada no governo Collor e aprofundada no governo Fernando Henrique Cardoso, abriu o caminho para o processo de redução do papel do Estado com as privatizações de empresas estatais.

Durante os governos Lula e Dilma, a ênfase no desenvolvimento voltou, mesmo que limitado com o chamado tripé macroeconômico – câmbio flutuante, meta de inflação e meta fiscal.

Com Temer e Bolsonaro, foram retomadas e aprofundadas as políticas neoliberais.

Com a vitória eleitoral de Lula, retornou a política desenvolvimentista, com limitações impostas pela força das correntes neoliberais no Parlamento e no Banco Central.

4. Neoliberalismo e Direitos Fundamentais

Assim como o Estado Democrático, os direitos fundamentais também se constituem em obstáculos às políticas neoliberais. Por isso, para a lógica do mercado, eles têm de ser removidos.

Segundo Paulo Bonavides,

> "Os direitos fundamentais são oxigênio das Constituições democráticas (...), o centro medular do Estado social e de todos os direitos de sua ordem jurídica é indubitavelmente o princípio da igualdade"[73].

Conforme mostra Bonavides, a busca da igualdade está no centro do Estado social. Como foi visto, o neoliberalismo promove o aprofundamento das desigualdades sociais. Por isso se volta contra os direitos fundamentais incorporados à Constituição de 1988.

Para Luigi Ferrajoli,

> "Os direitos fundamentais passam a ser demonizados. A 'dimensão material da democracia' deixa de ser uma preocupação do Estado"[74].

[73] Casara, Rubens R. R. *Estado Pós-Democrático* – Neo-obscurantismo e gestão dos indesejáveis. Rio de Janeiro: Civilização Brasileira, 2018, p. 35.

[74] Idem, p. 48.

Assim como o Estado, os direitos fundamentais também passam a ser demonizadas. Ferrajoli aponta um problema central: ao neoliberalismo interessa retirar a dimensão material da democracia, negar todos os avanços obtidos pela luta dos trabalhadores e do povo.

A democracia social, incorporada pela nossa Constituição, estabelece normas para garantir a dimensão material da democracia. Por isso, ela passa a ser combatida pelos neoliberais que querem substituí-la por uma Constituição para o mercado.

Por essa razão, o neoliberalismo coloca como meta a liquidação do Estado de Bem-Estar Social para impor a lógica do mercado. Neste sentido, Casara afirma:

> "A proposta neoliberal de instaurar o império do mercado, desmantelar o Estado de Bem-Estar Social e reduzir direitos mostrou-se adequada ao projeto neoconservador e autoritário necessário à manutenção do Estado capitalista"[75].

O destacado constitucionalista Paulo Bonavides há tempos já alertava para um

> "clima antiConstituição, ou seja, contrário ao espírito da Constituição (...), [que] se está formando nas cúpulas empresariais mais retrógradas, assim como em algumas regiões da liderança política, ameaçando minar os alicerces do regime e desfigurar os valores incorporados ao texto da nova Carta. A sofreguidão privatista, a par de uma resistência à aplicação dos direitos sociais básicos, certifica tal tendência"[76].

Nos dias atuais, com o avanço do neoliberalismo, a caminhada na tentativa de destruição da Constituição social de 1988 e dos direitos fundamentais, nela contidos, está acelerada.

Nessas condições a luta em defesa da democracia está umbilicalmente ligada à defesa da Constituição Social de 1988.

---

[75] Idem, ibidem.

[76] Bonavides, Paulo. *Curso de Direito Constitucional*. 32. ed. atualizada. São Paulo: Malheiros, 2017, p. 389.

Os direitos fundamentais, contidos na Constituição social de 1988, constituem-se em obstáculo às políticas neoliberais. Por isso têm que ser removidos.

Paulo Bonavides mostra que a busca da igualdade está no centro do Estado social, pois envolve a dimensão material da democracia.

Os direitos fundamentais passam a ser demonizados, por se voltarem à busca da dimensão material da democracia. Por isso, a resistência privatista aos direitos fundamentais e à Constituição de 1988.

Assim, há uma ligação indissolúvel entre a defesa dos direitos fundamentais e a defesa da Constituição de 1988.

5. Democracia e Capitalismo

A fragilização crescente da democracia resulta de sua tensão com o capitalismo. A tensão entre capitalismo e democracia decorre da natureza do capitalismo, da busca incessante por maiores lucros com a qual não respeita os direitos dos trabalhadores. Todavia, sob o neoliberalismo, essa tensão foi aprofundada.

O capitalismo é uma formação econômico-social que expressa os interesses da burguesia. Tem como meta principal a defesa da propriedade privada e do mercado. Para isso, usa da coesão e da coerção para impor seus interesses. Para obter a coesão, o Estado capitalista necessita fazer certas concessões aos trabalhadores e à democracia estando em constante disputa.

As lutas sociais impuseram conquistas democráticas, sobretudo a partir do final da Segunda Guerra Mundial com o chamado Estado de Bem-Estar Social e as Constituições Sociais.

A hegemonia do neoliberalismo, a partir dos governos Thatcher e Reagan, criou as condições para que se abrisse guerra contra as conquistas sociais, as Constituições Sociais e para o reforço do caráter autoritário do Estado como caminho para impor suas políticas, atacando como inimigos seus opositores.

Boaventura de Souza Santos mostra que a tensão entre capitalismo e democracia aumenta quando políticas de regulamentação do trabalho e outras políticas sociais são colocadas em prática, financiadas pela tributação da riqueza. Os capitalistas não admitem reduzir suas margens de lucros.

Sobre a relação entre capitalismo e democracia, Hauke Brunkhorst afirma:

> "durante os últimos trinta anos de hegemonia neoliberal global, a frágil balança de poder entre democracia e capitalismo pendeu dramaticamente em favor do capitalismo"[77].

E o neoliberalismo aprofunda esse processo!

A exigência do neoliberalismo de cortes dos direitos sociais e de restrição da soberania dos países dependentes impôs governos autoritários para assegurar os cortes de direitos e reprimir a mobilização da sociedade na defesa de seus direitos. O poder político passou a ser controlado de forma mais direta pelo poder econômico.

Esse fator estrutural, a nova forma do capitalismo, impactou sobre a democracia determinando uma forte influência do poder econômico sobre o processo político. Tal fato provocou uma distância crescente entre a maioria dos parlamentares e os interesses da população, configurando uma crise de representatividade.

Assim, o povo passou a descrer da política e de seus representantes. O distanciamento entre representantes e representados criou uma profunda desconfiança na sociedade, facilitando a campanha da desmoralização da política. A consequência inevitável foi uma rejeição da sociedade ao parlamento.

A influência crescente do poder econômico sobre a política foi transformando a democracia liberal em democracia neoliberal. Sobre o assunto, afirma Boaventura:

---

[77] Brunkhorst, Hauke. *A Decapitação do Legislador*: A Crise Europeia – paradoxos da constitucionalização do capitalismo democrático. Vol. 01.11.01. Direito. Brasília (DF): Universidade de Brasília (UnB), janeiro-junho de 2014.

> "pouco a pouco, a democracia liberal se transformou na democracia neoliberal, a qual, ao contrário do que o nome indica, é o oposto da democracia liberal"[78].

E no Brasil transformou-se em autoritarismo neoliberal no governo neofascista.

Outro fator que contribuiu para esse resultado foi a campanha sistemática contra a política, os políticos e os partidos políticos desenvolvida pelas forças neoliberais. Como não há democracia sem política, sem o contraditório, essa campanha, no fundo, volta-se contra a própria democracia. Isso porque a democracia é um freio contra as políticas neoliberais.

Na realidade, este processo se deu progressivamente. Aos poucos foi crescendo a influência do poder econômico nas eleições e seu custo foi inviabilizando a eleição de candidatos de origem popular. Assim a composição do Parlamento ficou cada vez mais à mercê do poder econômico. O *impeachment* da presidenta Dilma, com a compra de votos de parlamentares articulados pelo então deputado Eduardo Cunha, comprova tal fato[79].

Como representantes do poder econômico, tais parlamentares não têm compromisso com os interesses da maioria da população.

Falando da falta de representatividade das democracias representativas, Boaventura afirmou:

> "Quando os indignados e os *Occupy* gritaram 'não nos representam!' e pediram 'democracia já! ' e 'democracia real', o que representam [tentaram?] mostrar foi que as democracias de baixa ou de baixíssima intensidade que o neoliberalismo pretende impor globalmente têm de ser substituídas por democracias verdadeiras, de alta intensidade". E mais: que "o Estado de bem-estar vai-se transformando em Estado de mal-estar"[80].

[78] Santos, Boaventura de Sousa. *A Difícil Democracia* – Reinventar as Esquerdas. São Paulo: Boitempo, 2016, p. 163.

[79] *Veja*, 19 de maio de 2017.

[80] Santos, Boaventura de Souza. *Op. cit.*

Tal situação tem facilitado o crescimento da direita neofascista com o falso combate ao *establishment*. As forças progressistas e de esquerda necessitam desnudar o caráter de classe da política neoliberal, demonstrando seu compromisso com o poder econômico fazendo da democracia liberal instrumento mais direto das classes dominantes.

O avanço no terreno político exige a implementação de uma reforma política democrática que assegure uma representação parlamentar identificada com os interesses dos trabalhadores e da maioria do povo.

Analisando novas formas da morte das democracias, o autor do livro *Como as democracias morrem* afirma:

> "Democracias podem morrer não nas mãos de generais, mas de líderes eleitos – presidentes ou primeiros-ministros que subvertem o próprio processo que os levou ao poder"[81].

O autor se refere à situação dos Estados Unidos com a eleição de Trump. E, segundo Atilio Borón:

> "O ataque aos 'excessos' democráticos, paralisantes de uma suposta vitalidade do mercado, desemboca – em alguns casos mais explicitamente do que em outros – em uma apologia do governo autoritário"[82].

Os "excessos democráticos" dizem respeito a políticas sociais e à liberdade para os trabalhadores desenvolverem suas lutas por direitos.

Passando pelo governo Temer com sua "Ponte para o Passado", o neoliberalismo, usando a Guerra Cultural, elegeu um presidente neofascista que impôs uma política econômica e social pró-mercado e implantou o autoritarismo neoliberal.

---

[81] Levitsky, Steven; Ziblatt, Daniel. *Como as Democracias morrem*. Tradução de Renato Aguiar. Rio de Janeiro: Zahar, 2018, p. 15.

[82] Borón, Atílio. *Estado, Capitalismo e Democracia na América Latina*. Tradução de Emir Sader. Rio de Janeiro: Paz e Terra, 1994, p. 23.

Há uma tensão entre capitalismo e democracia. Sob o neoliberalismo, essa tensão foi aprofundada.

O neoliberalismo, nova forma do capitalismo, impactou sobre a democracia determinando uma forte influência do poder econômico sobre o poder político.

A influência do poder econômico no processo político aprofundou a crise da democracia representativa.

O resultado eleitoral passou a depender crescentemente do poder econômico. Os parlamentares eleitos passaram a representar seus financiadores e não seus eleitores. Isso provocou uma distância crescente entre a maioria dos parlamentares e os interesses da população, configurando uma crise de representatividade.

A esquerda tem que fazer uma crítica à democracia liberal, mostrando que seu vínculo com o poder econômico é a causa de sua perda de legitimidade. Daí a importância de uma reforma política democrática.

Tal situação tem provocado críticas à democracia neoliberal, abrindo espaço para a extrema-direita.

Cabe às forças democráticas e de esquerda a crítica progressista à democracia neoliberal e a influência do poder econômico no processo eleitoral, bem como a proposição de uma reforma política com a adoção do financiamento público exclusivo e do sistema eleitoral proporcional de lista pré-ordenada. Esse é o caminho para assegurar uma representação parlamentar ligada à maioria da sociedade.

Capítulo IV

Guerra cultural e domínio das mentes

1. Nova Forma de Golpe

Nos dias atuais, o golpe militar foi substituído pela Guerra Híbrida ou Golpe Brando e pela Guerra Cultural. O golpe militar adotava como método perseguições, prisões, torturas e assassinatos políticos. Tal política repressiva suscitava um forte movimento em defesa dos direitos humanos e contra as ditaduras militares, impulsionando grandes manifestações populares pela liberdade e democracia.

Isso trazia sérias consequências à execução da política neoliberal. Assim, o imperialismo norte-americano e seus aliados adotaram uma nova forma para derrubada de governos através da chamada Guerra Híbrida ou do chamado Golpe Brando. É evidente que o caminho deste último não impede que, em determinadas situações, seja utilizado o golpe militar.

Gene Sharp é o autor do método de tomada do poder intitulado Golpe Brando, e elaborou um Manual com as diretrizes para execução desse programa[83].

No texto intitulado *Gene Sharp: Quando a CIA recorre à não violência*, são descritos os passos a serem dados para se alcançar a derrubada de governos.

> "Primeiro passo: promover ações para gerar um clima de mal-estar social, utilizando os meios de comunicação.
> Segundo passo: fazer denúncias fundadas ou não para debilitar a base de apoio do governo e criar um descontentamento social crescente.
> Terceiro passo: luta de rua com reivindicações políticas e sociais que se confrontem com o governo.
> Quarto passo: combinação de diversas formas de luta para criar um clima de ingovernabilidade.
> Quinto passo: se for necessário a fratura institucional, realizá-la com base em manifestações de rua, ocupação de instituições públicas, pronunciamentos militares até a renúncia do presidente"[84].

Uma informação que fornece novos elementos sobre a nova forma de golpe vem do ex-agente da CIA, escritor e professor cubano, Raúl Antonio Capote Fernández, que atuou entre 2004 e 2011 como agente duplo infiltrado na CIA. Em entrevista, afirmou que o objetivo da agência de espionagem norte-americana era promover uma "revolução suave" após o falecimento de Fidel Castro[85].

A política de Gene Sharp foi apoiada por inúmeras entidades que sustentam o pensamento neoliberal. Entre elas, estão o Instituto Albert Einstein, dirigido por Gene Sharp, o Instituto de Luta pela Guerra não Violenta, financiado por George Soros, entre outros.

Nesse novo método de golpe, a internet tem sido utilizada amplamente para mobilizar uma juventude despolitizada.

---

[83] Ver em: https//bibliot3ca.files.wordpress.com/2011/03/da-ditadura-a-democracia--gene-sharp2.pdf.

[84] Ver em: http://pensandodesdeamerica.blogsport.com.ar/2015/03/mirando-el-mundo-ii-del-golpe-militar.html?spref=fb.

[85] Fernández, Raúl Antonio Capote. *Sul 21*, 21 de novembro de 2015.

Destaque-se que o poder econômico compra, em grande escala, a ampliação do número de mensagens enviadas através das redes sociais, atingindo importantes segmentos sociais em pouco tempo.

Andrew Korybko analisa a chamada Guerra Híbrida que incorpora os métodos de Gene Sharp. Jornalista e analista político, em seu livro *Guerras Híbridas*, ele analisa a dominação social utilizando-se de técnicas ideológicas, psicológicas e de informação.

Afirma o autor que, a partir de 2010, emergiu uma onda de protestos no mundo árabe, partindo da Tunísia e se espraiando para Argélia, Jordânia, Egito e Iêmen, no movimento que ficou denominado Primaveras Árabes. Movimento que, com características semelhantes, ocorreu na Europa central e do Leste, chegando à América Latina, inclusive ao Brasil.

O livro tem em vista analisar a tática político-militar dos Estados Unidos para substituir governos não alinhados à sua política no século XXI. Andrew define as Guerras Híbridas como a combinação das Revoluções Coloridas e das Guerras não convencionais, destacando que

> "O cerne das Revoluções Coloridas é sintetizado na dominação social. O movimento é capaz de canalizar um volume de indivíduos grande o bastante para confrontar publicamente o Estado e tentar derrubá-lo. A fim de conquistar adeptos, utilizam-se técnicas ideológicas, psicológicas e de informação"[86].

Ressalta o autor que a base das revoluções coloridas é o controle "invisível" da sociedade pela manipulação dos motivos que mobilizam o homem em grupo, através do estudo da psicologia de massas. Utilizam métodos para difundir mensagens contra o governo, e para isso contam com as vantagens da tecnologia da comunicação, utilizando plataformas de mídia social como o Facebook e o Twitter.

---

[86] Korbyko, Andrew. *Guerras Híbridas* – Das Revoluções Coloridas aos Golpes. Tradução de Thyago Antunes. São Paulo: Expressão Popular, 2018, p. 30.

Segundo Andrew Korybko, Gene Sharp, sozinho, talvez seja o maior responsável pelo sucesso das revoluções coloridas. Considerado o "Maquiavel da não violência", ele descreve como os métodos não violentos podem ser usados para desestabilizar um governo e minar sua autoridade. Sua obra mais famosa é *Dictatorship to Democracy: A conceptual framework for Liberation.*

A ideologia tradicional, que mobiliza todas as revoluções coloridas, é a democracia liberal, e ela busca "liberar" os Estados-alvo de governos vistos como antidemocráticos-liberais, ou seja, não ocidentais. A ideologia, portanto, é o ponto de partida de todas as revoluções coloridas.

O alvo delas, sobretudo no Oriente Médio, voltou-se contra os governos que se opõem à política norte-americana, sob a alegação de serem governos antidemocráticos.

Na América Latina, o alvo, como visto anteriormente, passou a ser o falso combate à corrupção, com o mesmo objetivo: derrubar governos que se opunham à política norte-americana no continente e contra a implantação das políticas pró-mercado.

A diferença entre a chamada Revolução Colorida e a Guerra Cultural é que a primeira é utilizada, pelos órgãos de segurança do governo norte-americano, para derrubar governos que se opõem aos Estados Unidos. Já a Guerra Cultural é utilizada, por grupos de extrema-direita, para conquistar a hegemonia cultural e política e ganhar eleições. Elas utilizam métodos semelhantes.

A Guerra Cultural é o método da extrema-direita para dominar a mente das pessoas visando conquistar a hegemonia de ideias e obter vitórias eleitorais.

A luta ideológica foi uma dimensão do conflito social subestimado pela esquerda que abriu caminho para a direita neofascista conquistar a hegemonia ideológica, com a Guerra Cultural. A expressão "guerra cultural" entrou para o vocabulário dos Estados Unidos com a publicação, em 1991, de *Guerras culturais*: A Luta para Definir a América, por James Davison Hunter, um sociólogo na Universidade de Virgínia. O uso dessa expressão originou-se na década de 1920. No entanto, essa obra redefiniu o seu significado nos Estados Unidos. Ele argumentou que um número crescente de temas – como o aborto, legislação sobre armas, a separação de igreja e estado, privacidade, uso recreativo de drogas, homossexualidade e censura – existia em duas polaridades definidas.

Além disso, não só havia uma série de questões divisórias, mas a sociedade em si tinha se dividido ao longo das mesmas opiniões sobre essas questões, de forma a constituir dois grupos rivais. Estes grupos foram definidos não somente por religião, etnia, classe social, ou filiação partidária, mas sim por diferentes visões ideológicas de mundo.

Em 1990, o comentarista Pat Buchanan montou uma campanha de indicação para Presidente Republicano, competindo contra George H. W. Bush, em 1992. Em discurso argumentou: "Existe uma guerra religiosa que se passa no nosso país para a alma da América. É uma guerra cultural, fundamental para o tipo de nação que seremos, assim como foi a Guerra Fria. Além de criticar os ambientalistas e o feminismo, ele retratou a moralidade pública como um problema.

É importante notar a caracterização que Buchanan faz da Guerra Cultural como uma guerra religiosa para definir o tipo de nação que o país será, como na Guerra Fria, criticando o ambientalismo e o feminismo. Nesse discurso ele desataca seu programa de combate ao comunismo, com fundamento religioso e combate ao meio ambiente e à luta feminista.

João Cezar cita que, no ano seguinte à publicação do livro *Culture Wars*,

> "na convenção do Partido Republicano, Pat Buchaman proferiu o famoso discurso cujo ideário finalmente chegou ao poder com a eleição de Donald Trump à Casa Branca, em 2016 (...), guerra cultural implica um entendimento fundamentalista do mundo, cujo corolário é a eliminação pura e simples de tudo que seja diverso"[87].

[87] Rocha, João Cezar de Castro. *Guerra Cultural e Retórica do Ódio* – crônica de um Brasil pós-político. Goiânia: Caminhos, 2023, p. 112 e 113.

Os norte-americanos avaliavam que, nas últimas décadas, as universidades latino-americanas foram centros de formação de lideranças de esquerda. Assim, estabeleceram um plano de construir um pensamento de direita naquelas instituições utilizando-se da Guerra Cultural.

A Guerra Cultural, com técnicas avançadas, conquistou a mente de milhões de pessoas das mais diversas origens sociais. Com isto criou as condições para a hegemonia cultural e vitórias eleitorais.

Essa forma de luta ideológica difunde ideias de ódio, violência, destruição do inimigo, negação da história e da ciência e o combate ao comunismo. Com muito dinheiro, apropriando-se das redes sociais e dos algoritmos, manipula os fatos. Cria uma falsa realidade paralela através das *Fake News* e da *Lawfare* – uso do direito como arma política. Com isso a extrema-direita obteve importantes vitórias eleitorais.

A ofensiva desse segmento assegurou vitórias eleitorais no Brasil e em vários países do mundo e trouxe à tona uma nova realidade. A tomada de poder pela extrema-direita já não é mais feita através de golpes militares. Mas sim, por eleições, com a conquista do apoio de milhões através da Guerra Cultural.

Tal mudança está relacionada com a crise do capitalismo, a hegemonia do neoliberalismo e a criação de novos mecanismos de dominação ideológica.

A Guerra Cultural foi desenvolvida por Steve Bannon. No texto intitulado *Tecnologia do século XXI, filosofia arcaica (um estudo de caso do Brexit e da campanha de Trump)*, Lúcio Flavio, analisando a luta ideológica na Inglaterra, afirma que a jornalista Carole Cadwalldt identificou a participação de Steve Bannon na Campanha desenvolvida a favor do Brexit destacando que

> "A Cambridge Analytica conseguiu acesso a uma gigantesca base de dados, de pelo menos 87 milhões de usuários do Facebook, além de comprar outros mais ainda de fontes, como registros de imóveis, dados automotivos, dados de compras, cartões de bônus, associação a clubes, entre outros. Esses dados eram cruzados por tecnologias de Big Data e Inteligência

> Artificial, possibilitando formar um gigantesco arquivo de perfis dos usuários, que revelavam suas tendências políticas, valores morais e sociais, preferências pessoais, medos e inseguranças, permitindo que fossem abordados seletivamente, de forma personalizada, pelas mensagens a eles direcionadas, elaboradas com base em seus perfis psicológicos, para produzir reações previsíveis, de fundo emocional e dispensando argumentações racionais"[88].

Aqui fica claro o papel de Steve Bannon na utilização da big data na formação de um gigantesco arquivo de perfis dos usuários, que revelavam suas tendências políticas, valores morais e sociais, preferências pessoais, medos e inseguranças, estimulando reações de fundo emocional. Como foi analisado anteriormente, as emoções, o medo, a raiva passaram a ser utilizados pela extrema-direita para arregimentar seus adeptos.

Analisando o pensamento de Bannon, o autor afirma que ele

> "parece ter incorporado valores caros ao Tradicionalismo, como visão filosófica, e também ao tradicionalismo mais vulgar e corriqueiro das forças reacionárias dos EUA. O principal deles é sua aversão visceral à democracia liberal e ao socialismo (...), o establishment político, a elite social, econômica e política de seu país (estendida a todos os países e governos do mundo), como mostram as declarações que fez como diretor do site Breitbart News e como demonstram suas ações conhecidas"[89].

Trata-se da difusão de um conteúdo altamente conservador, de negação da democracia liberal, do socialismo, do comunismo, da falsa crítica ao *establishment* político. Falsa porque seus principais líderes são membros destacados desse *establishment*. A falsa crítica ao *establishment* político faz parte do discurso feito na Inglaterra e depois nos Estados Unidos.

---

[88] Flávio, Lucio. Tecnologia do Século XXI. In: Arantes, Aldo (org.). *Reconstruir a Democracia* – união de amplas forças políticas e sociais para a luta ideológica. São Paulo, Anita Garibaldi, 2021, p. 45.

[89] Flávio, Lucio. *Op. cit.*, p. 49.

Como se sabe, Steve Bannon teve um papel destacado na campanha de Trump. Sobre isto o autor afirma:

> "Bannon não se limitou a reproduzir os esquemas usados no Brexit, mas os aperfeiçoou. Incorporou o uso do WhatsApp, que lhe permitia direcionar ainda mais especificamente as mensagens para pessoas e grupos previamente escolhidos, e multiplicar esses grupos com o uso de robots virtuais que faziam disparos de mensagens em massa (...). Outra inovação foi combinar a organização dos voluntários da campanha de Trump com o Big Data. Assim, estes, quando batiam a alguma porta, sabiam de antemão o perfil dos moradores e eram previamente orientados sobre os procedimentos e discursos que deveriam fazer ali especificamente. O resultado foi surpreendentemente eficaz. Uma candidatura que se impusera à revelia dos próceres do Partido Republicano, um candidato que era visto como extremista de direita"[90] [91].

Constata-se, pois, que, nos dias atuais, o golpe militar foi substituído pela Guerra Híbrida ou Golpe Brando e pela Guerra Cultural.

É evidente que o caminho do chamado Golpe Brando não impede que, em determinadas situações, seja utilizado o golpe militar.

A diferença entre a chamada Revolução Colorida e a Guerra Cultural é que a primeira é utilizada, pelos órgãos de segurança do governo norte-americano, para derrubar governos que se opõem aos Estados Unidos. Já a segunda é utilizada, por grupos de extrema-direita, para conquistar a hegemonia cultural e política e ganhar eleições. Elas utilizam métodos semelhantes.

A luta ideológica foi uma dimensão do conflito social subestimado pela esquerda que abriu caminho para a direita neofascista conquistar a hegemonia ideológica, com a Guerra Cultural.

A Guerra Cultural é o método da extrema-direita para dominar a mente das pessoas visando conquistar a hegemonia de ideias e obter vitórias eleitorais.

---

[90] Idem, p. 50.

[91] Idem, p. 51.

A Guerra Cultural constituiu o novo caminho para a conquista de governos, pela extrema-direita. Não mais através de golpes militares. Mas através da luta ideológica com a conquista da mente das pessoas.

Essa forma de luta ideológica difunde ideias de ódio, violência, destruição do inimigo, negação da história e da ciência e o combate ao comunismo. Com muito dinheiro, apropriando-se das redes sociais e dos algoritmos, manipula os fatos.

Steve Bannon teve papel importante na passagem da utilização das redes sociais para a venda de produtos, utilizando os algoritmos na luta política para a difusão das ideias da extrema-direita e seus candidatos, em particular Trump.

No Brasil Bolsonaro valeu-se da experiência da campanha de Trump e contou com o respaldo de Bannon.

2. Guerra Cultural no Brasil

O livro GUERRA CULTURAL E RETÓRICA DO ÓDIO analisa as características particulares da Guerra Cultural no Brasil por meio do resgate da Doutrina de Segurança Nacional[92]. João Cezar de Castro Rocha vai desenhando as características especificas da Guerra Cultural no Brasil.

A luta ideológica e as mentiras existem há muito tempo. Todavia, a forma atual, sob a denominação de Guerra Cultural, bem como as fake news estão relacionadas com as big techs e o crescimento da extrema-direita no mundo.

Olavo de Carvalho exerceu importante papel na divulgação das ideias negacionistas e da direita neofascista no Brasil. Falando do seu estilo, o professor João Cezar afirma:

> "A difusão de uma linguagem própria e vagamente conceitual; a disseminação da retórica do ódio como forma de desqualificar adversários; o palavrão como argumento de autoridade;

[92] Rocha, João Cezar de Castro. *Op. cit.*, p. 37.

a reconstrução revisionista da história; a identificação do comunismo como inimigo eterno a ser eliminado"[93].

Nessa passagem o autor chama a atenção para o método de disputa ideológica de Olavo de Carvalho e seus seguidores: a difusão da retórica do ódio, o uso do palavrão e o combate ao comunismo. Essa tática visa desqualificar o inimigo para facilitar seu aniquilamento.

Segundo Olavo Carvalho,

> "a estratégia gramsciana foi adotada formal e entusiasticamente pela KGB (...), a conversão formal ou informal, consciente ou inconsciente da intelectualidade de esquerda à estratégia de Antônio Gramsci é o fato mais relevante da História nacional dos últimos trinta anos"[94].

Olavo de Carvalho elaborou o caminho da Guerra Cultural da extrema-direita, tomando por base as ideias de Gramsci sobre a luta ideológica, invertendo seu conteúdo para construir a hegemonia do pensamento da direita neofascista.Tanto assim que lhe faz referências em muitos de seus textos.

Em sua ideia fixa de combate aos comunistas, afirma que

> "Os comunistas não começaram a tomar o Brasil pela Presidência da República. Tomaram primeiro as universidades, depois a igreja católica e várias das protestantes, depois os sindicatos, especialmente de funcionários públicos, depois a grande mídia, depois o sistema nacional de ensino, depois o sistema judiciário, depois os partidos políticos todos, e por fim, depois de 40 anos de esforços, a cereja do bolo: a Presidência da República"[95].

Aqui sua formulação se assemelha à falsa análise do livro ORVIL, comentado mais à frente.

---

[93] Idem, p. 71.

[94] Idem, p. 102.

[95] Idem, p. 109.

Olavo de Carvalho declarou em 2020 que

> "existem milhões de meios de você obter o poder. Um deles é a dominação psicológica que você tem sobre as pessoas. Isso talvez seja o principal"[96].

E mais:

> "Quebrada a hegemonia intelectual, a Guerra Cultural começa com a desocupação de espaços. Bota pra fora, da maneira mais humilhante possível, os farsantes e usurpadores. Isso exige militância organizada e presença física"[97].

Nestas afirmações ficam claras as razões dos ataques às universidades, aos segmentos religiosos de perfil progressista, aos sindicatos, aos políticos e aos partidos. E deixa evidente o objetivo de "quebrar a hegemonia intelectual" da esquerda para ocupar os espaços.

O outro aspecto definidor da Guerra Cultural no Brasil, conforme o autor, é a Lei de Segurança Nacional. Ela foi promulgada em 1969, durante a ditadura miliar. Com 546 artigos surgiu para reprimir violentamente os lutadores pela democracia.

Em um de seus artigos, a LSN definiu que

> "A guerra revolucionária é o conflito interno, geralmente inspirado em uma ideologia ou auxiliado do exterior, que visa a conquista subversiva do poder pelo controle progressivo da Nação"[98].

Conforme João Cezar, a Lei de Segurança Nacional representou um culto à morte do outro, visto como adversário, inimigo a ser eliminado. O seu objetivo, assim, era a destruição do inimigo interno, ou seja, dos lutadores contra a ditadura.

---

[96] Idem, p. 147.

[97] Idem, p. 172.

[98] Idem, p. 241.

Na opinião do autor, o terceiro elemento a caracterizar a Guerra Cultural no Brasil é o *ORVIL*, livro escrito de trás para frente. Trata-se de um projeto sigiloso elaborado pelo Exército, no final da ditadura, encomendado pelo então ministro do Exército Leônidas Pires em 1986. Tinha como objetivo contestar o livro *Tortura Nunca Mais*, a imprensa e sobretudo reescrever uma falsa história do Brasil sobre a luta dos comunistas para tomar o poder.

Após distorcer os fatos históricos com um falso relato sobre três tentativas dos comunistas de tomada do poder pelas armas, o livro afirma que

> "o fracasso de uma tentativa é sempre uma das causas e o ponto de partida para a tentativa seguinte (...), quarta tentativa de tomada do poder, para nós a mais perigosa e, por isso, a mais importante"[99].

E mais:

> "Vencidas na forma de luta que escolheram – a luta armada –, as organizações da esquerda revolucionária têm procurado transformar a derrota militar que lhes foi imposta, em todos os quadrantes do território nacional, em vitória política (...), após a autocrítica (...) reiniciaram a luta para a tomada do poder, mudando de estratégia – a prioridade agora seria dada ao trabalho de massas".

De fato, os setores revolucionários perceberam que, nas condições do Brasil, o caminho para acumular forças no sentido da transformação social era a mobilização da sociedade.

Além das bandeiras acima mencionadas, a falsa luta contra a corrupção foi largamente utilizada contra o PT e a esquerda. Na verdade, essa bandeira sempre foi utilizada para derrubar, ou tentar derrubar, governos de esquerda ou governantes que defendam os interesses nacionais e os direitos sociais.

A corrupção eleitoral tem sua origem no financiamento empresarial de campanhas eleitorais. Interessados em impor as

[99] Idem, p. 268.

políticas pró-mercado, os empresários financiavam políticos identificados com seus interesses, através do ilegal Caixa Dois. Sendo ilegal, ele permitia ao empresário financiar candidatos de diferentes partidos, sobretudo numa campanha majoritária. E os políticos procuravam esse financiamento já que não existia o democrático financiamento público de campanha no País.

Com a aprovação pelo Supremo Tribunal Federal da inconstitucionalidade do financiamento empresarial, hoje a corrupção eleitoral continua por outros caminhos, como, por exemplo, o pagamento de gastos de campanha realizados por determinadas empresas e o financiamento de companha por pessoa física, muitas delas dispondo de volumosos recursos, o que promove um desequilíbrio na disputa eleitoral.

A bandeira contra a corrupção foi utilizada contra a ex-presidenta Dilma e o presidente Lula. Tinha um objetivo claramente político. Essa forma de golpe procura atingir importantes parcelas da sociedade, criticando os políticos, a política e os partidos políticos. Utiliza as redes sociais como forma de fermentar a mobilização popular preparatória do golpe.

A base principal dessa nova forma de golpe situa-se no Parlamento. Ali o poder econômico tem uma sólida hegemonia política. É o espaço privilegiado para as iniciativas pretensamente legais visando à derrubada de governos que se opõem à política neoliberal e aos interesses do governo norte-americano. Foi o que ocorreu na Nicarágua e no Paraguai. E o que ocorreu no Brasil com o golpe contra a ex-presidente Dilma, através de um *impeachment* sem nenhuma base jurídica.

Com a eleição do presidente Lula, as forças conservadoras e bolsonaristas no Parlamento criam todo tipo de dificuldades para impedir o êxito do governo federal.

A Guerra Cultural no Brasil, segundo João Cezar de Castro Rocha, caracteriza-se por três elementos: o pensamento de Olavo de Carvalho, a Lei de Segurança Nacional e o livro *ORVIL*.

Essas três vertentes convergem no ódio ao comunismo e na defesa das ideias reacionárias e de extrema-direita. O ataque às universidades públicas e ao pensamento de Paulo Freire é outra vertente do pensamento olavista.

Tais ideias são difundidas através das redes sociais e contam com o apoio de empresários, políticos de extrema-direita, militares e religiosos de perfil neopentecostal. Elas conseguiram construir uma hegemonia que garantiu a vitória eleitoral de Bolsonaro.

A falsa luta contra a corrupção foi largamente utilizada contra o PT e a esquerda. Essa bandeira sempre foi utilizada para derrubar, ou tentar derrubar, governos que defendam os interesses nacionais e os direitos sociais.

O Parlamento, onde o poder econômico tem uma sólida hegemonia política, é o espaço privilegiado para as iniciativas pretensamente legais visando à derrubada de governos que se opõem à política neoliberal e aos interesses do governo norte-americano. Foi o que ocorreu na Nicarágua e no Paraguai. E o que ocorreu no Brasil com o golpe contra a ex-presidente Dilma, através de um *impeachment* sem nenhuma base jurídica.

Com a eleição do presidente Lula, as forças conservadoras e bolsonaristas no Parlamento criam todo tipo de dificuldades para impedir o êxito do governo federal.

3. Os Empresários Neofascistas e a Luta Ideológica

Vários são os segmentos sociais que sustentam a luta ideológica neoliberal e neofascista no Brasil. Entre eles, destacam-se setores neofascistas de empresários, religiosos, militares e os políticos.

O livro *A NOVA DIREITA* é fruto de uma pesquisa sobre a organização da burguesia brasileira em sua estratégia para redefinir e atualizar suas bases de dominação e atuação político-ideológica, a partir do processo de redemocratização do país, entre 1980 e 2014[100].

[100] Casimiro, Flavio Henrique Calheiros. *A Nova Direita* – aparelhos de ação política e ideológica no Brasil contemporâneo. São Paulo: Expressão Popular, 2018, p. 17.

O texto ressalta que

> "O papel das organizações burguesas abordadas nessa pesquisa passa tanto pelo estabelecimento e produção de consenso quanto pelo recurso da coerção (...), a participação dos intelectuais orgânicos – os empresários intelectuais – tem um papel fundamental em todo esse projeto de construção, atuando para a legitimação de um projeto que almeja alcançar uma condição de hegemonia"[101].

O autor expressa que, no passado, a principal arena das disputas foi em relação à Constituinte e à eleição que a precedeu. E ressalta a criação de uma série de entidades patronais, entre as quais a Câmara de Estudos e Debates Econômicos e Sociais (Cedes), fundada em 1980, que "inaugura um novo modo de ação política e ideológica da burguesia brasileira".

Conforme Casimiro, a Cedes, além de apresentar um grupo dirigente composto por empresários extremamente influentes, representava os interesses de mais de cinquenta grandes empresas e associações nacionais e internacionais[102].

A entidade colocava como um de seus objetivos fundamentais o "financiamento de candidatos e arregimentação de forças para o confronto" na Constituinte.

Outro aparelho privado de hegemonia, criado nos anos 1980 e que

> "exerce um importante papel no campo da atuação ideológica dos empresários é o Instituto de Estudos Empresariais (IEE). O que qualifica o Instituto de Estudos Empresariais como um verdadeiro intelectual coletivo de ação político-ideológica estratégica e que caracteriza a sua proposta de formação de quadros de intelectuais orgânicos do projeto neoliberal no Brasil é a organização do chamado Fórum da Liberdade"[103].

---

[101] Idem, p. 32.

[102] Idem, p. 45.

[103] Idem, p. 317.

O trabalho mostra que, além da Cedes, surgiu uma grande quantidade de entidades empresariais, entre elas o Grupo de Mobilização Permanente (GMP), criado em 1983. A Confederação Nacional das Instituições Financeiras (CNF) foi criada em 1985, "num clima de verdadeiro manifesto a favor da livre iniciativa e da redução da presença do Estado na atividade econômica".

Face à avaliação que os latifundiários faziam da ameaça de avanços da reforma agrária na Constituinte, surgiu a União Democrática Ruralista (UDR), em 1985.

Em 1986, inúmeras entidades empresariais reuniram-se em Brasília com o objetivo de criar uma "Central Única dos Empresários", surgindo então a União Brasileira de Empresários[104].

Nesse ano também foi fundado o Pensamento Nacional das Bases Empresariais que tinha como um de seus objetivos azeitar as relações entre a classe empresarial e os trabalhadores, cooptando e ressignificando suas lutas, numa política de conciliação de classes[105].

Em 1987 foi fundado o Movimento Democrático Urbano (MDU) que se articulava em torno do presidente da Bolsa de Valores. O jornal da instituição afirmava que seu objetivo era lutar a favor da Reconstrução Nacional "pois estamos vivendo uma grave crise econômica, política e, principalmente, perdendo nossos valores morais"[106].

Empresários insatisfeitos com a FIESP fundam, em 1987, a Frente Nacional pela Livre Iniciativa (FNLI) para combater os "avanços da esquerda" na Constituinte.

O Instituto Liberal, um Think Tank de direita, fundado em 1983, foi o "precursor dos aparelhos privados de ação doutrinária de difusão do liberalismo no Brasil". Esse Instituto

> "representa grandes grupos econômicos nacionais e transnacionais e suas atividades foram financiadas, nos seus primeiros dez anos, por importantes grupos como: Votorantim,

[104] Idem, p. 76.
[105] Idem, p. 114.
[106] Idem, p. 101.

> Sharp, Gradiente, Nestlé, Banco de Boston, Philco, Banco Itaú e Unibanco"[107].

Entre as organizações dos Estados Unidos, financiadoras do Instituto Liberal, estão: Atlas Economic Research Foundation, Center for International Private Enterprise (Cipe), International Center for Economic Growth, Liberty Fund e Tinker Foundation, além do Instituto C&A de Desenvolvimento Social Brasil-Holanda)[108].

Após a Constituinte, os empresários continuaram se organizando.

Cerca de trinta empresários industriais fundaram em 1989 o Instituto de Estudos para o Desenvolvimento Industrial (Iedi), publicando o estudo *Agenda para um Projeto de Desenvolvimento Industrial*, evidenciando sua estratégia de ação voltada essencialmente para o Estado.

A atuação do Instituto Liberal, a partir de sua reformulação em 2013,

> "busca estabelecer novos canais de difusão e recrutamento a partir de novas mídias, como blogs, redes sociais, postagens de vídeos na rede, entre outras".

Referindo-se a seus novos seguidores, o autor do livro afirma que

> "são jovens universitários ou recém-formados, que ao mesmo tempo que são atraídos pelos valores do IL, encontram no Instituto um espaço de ressonância de suas ideias. Entre estes, podemos verificar uma expressiva adesão de seguidores/articulistas que também são membros de outros aparelhos privados de hegemonia, voltados ao público jovem, como o Instituto Von Mises Brasil (IMB), principalmente o Estudantes pela Liberdade (EPL)"[109].

---

[107] Idem, p. 261.

[108] Idem, p. 293.

[109] Casimiro, Flavio Henrique Calheiros. *Op. cit.*, p. 310.

O grupo Estudantes pela Liberdade (EPL), financiado por instituições estrangeiras, tem jogado papel na formação de uma juventude universitária de direita para promover o pensamento neoliberal nas universidades, seguindo o caminho estabelecido por Olavo de Carvalho.

O Grupo de Líderes Empresariais (LIDE) foi fundado em 2003 e autodeclarou-se como uma organização de caráter privado que reúne empresários em doze países e quatro continentes.

E, em 2012, no Fórum pela Liberdade, foi apresentada a organização "voltada especificamente para o público jovem e universitário, Estudantes pela Liberdade (EPL)", com o objetivo de doutrinação e recrutamento nos meios estudantis e ação política através do Movimento Brasil Livre (MBL).

O EPL recebe o financiamento de diversas organizações internacionais, como

> "Students for Liberty e a Atlas Network (...). De forma direta ou indiretamente todos esses intelectuais coletivos da ideologia do mercado – o Instituto Liberal, o Instituto de Estudos Empresariais, o Instituto Liberdade, o Instituto Millenium, o Instituto Von Mises Brasil e o Estudantes pela Liberdade – articulam-se através de distintas e complexas formas"[110].

Com essas informações, fica clara a intervenção estrangeira na luta ideológica e política no Brasil com o financiamento de grupos de extrema-direita. É bom recordar o papel do MBL nas manifestações pelo ilegal *impeachment* contra a ex-presidente Dilma.

No XIX Fórum da Liberdade, realizado em Porto Alegre em 2016, o Instituto Millenium foi oficialmente lançado. Esse instituto congrega importantes grupos, como

> "Gerdau, Globo, RBS, Abril, Banco Pactual, Banco BBM, Banco CSFB, Grupo Ultra, Petropar, Odebrecht, JP Morgan, entre outros grupos empresariais, que não só financiam seus

[110] Idem, p. 406.

> projetos como também participam da tomada de decisões e orientação político-ideológica"[111].

O livro acima citado traz importantes informações sobre o novo modo de ação política e ideológica da burguesia brasileira na conquista da hegemonia para suas ideias.

Na Constituinte estava em jogo o processo de reorganização do Estado brasileiro com o fim da ditadura militar. Reorganização essa que passava pela economia, pela democracia, pela soberania nacional, pelos direitos sociais, reforma agrária, reforma urbana, meio ambiente, entre outros temas. Com a particularidade de que, naquele período, o neoliberalismo já era hegemônico em vários países do mundo e o empresariado pretendia impor seus interesses.

Todavia, se as elites se organizaram, também os movimentos sociais o fizeram. Houve uma forte organização dos defensores da democracia, das riquezas do país, dos movimentos da saúde, educação, juventude, meio ambiente, indígenas, entre outros.

Tudo isso num clima de grande mobilização nacional pelo fim da ditadura e pela ampliação de direitos, garantindo uma Constituição que incorporou importantes avanços econômicos e sociais, apesar de importantes derrotas, como na questão agrária, na definição do papel das Forças Armadas e na definição do mandato do presidente Sarney.

Os empresários exerceram muita influência na construção da hegemonia conservadora e de extrema-direita. Sua ação organizada ocorreu, de forma destacada, no processo de preparação e no curso da Assembleia Nacional Constituinte.

Inúmeras organizações empresariais foram fundadas visando eleger parlamentares para a Constituinte e influenciá-la para impor as ideias neoliberais na futura Constituição, bem como para difundir o pensamento neoliberal. Para isso, financiaram a criação de Think Tanks e entidades como o MBL para mobilizar a juventude em torno das ideias neoliberais e de extrema-direita.

---

[111] Idem, p. 360.

Passada a Constituinte, a organização político-empresarial continuou e foi aperfeiçoada passando a utilizar as novas mídias, como blogs, redes sociais, postagens de vídeos na rede, e recrutando jovens. Nos dias atuais, essa organização continua sendo base da extrema-direita, criando todo tipo de problemas para o êxito do governo Lula.

Evidentemente existem empresários nacionalistas e que defendem uma política de desenvolvimento para o país. Porém, trata-se de uma minoria.

4. Os Evangélicos Neofascistas e a Luta Ideológica

As igrejas neopentecostais evangélicas e os carismáticos da Igreja Católica, em sua grande maioria, têm exercido papel nefasto e de grandes proporções na luta ideológica, fortalecendo a direita neofascista com ameaças à democracia e contra os avanços que visam reduzir a desigualdade.

A visão religiosa norte-americana dos evangélicos é fundamental para compreender a dimensão dos caminhos seguidos por esses segmentos evangélicos no Brasil, que são bastante numerosos, influenciam na política e elegem seus integrantes para compor o parlamento brasileiro.

O texto Religião e Política nos Estados Unidos, elaborado por Marcos Cordeiro Pires e Thaís Caroline Lacerda, do Latino Observatory, traz interessantes elementos sobre a relação entre religião e política nos Estados Unidos[112].

Falando da influência religiosa na política, nos Estados Unidos, os autores afirmam que

> "a influência religiosa na política atingiu um novo patamar no começo do século XX, quando grupos religiosos se bateram pela proibição de bebidas alcoólicas no país".

---

[112] Publicado no Observatório Político dos Estados Unidos – América Latina, 17 de maio de 2022.

Enfatizam os autores que

> "Também por conta de pressões religiosas, o ensino da Teoria da Evolução de Charles Darwin foi banido em diversos estados na década de 1920. Na perspectiva dos grupos religiosos, o ensino das ideias de Darwin se chocava de frente com a ortodoxia da Bíblia, por isso deveria ser banido das escolas".

Uma das características dessas correntes religiosas é a negação da ciência. O exemplo acima ilustra tal afirmação.

E ponderam ainda que,

> "Na década seguinte, outro exemplo de influência política da religião se relaciona às atividades propagandísticas do padre católico Charles Edward Coughlin, um orador habilidoso que utilizou um programa de rádio para transmitir ideias fascistas durante a década de 1930. Seu programa era ouvido por dezenas de milhões de pessoas. Nele difundia teorias conspiratórias contra os judeus e sua suposta ligação com Wall Street. Atacava o presidente Franklin D. Roosevelt, acusando-o de socialista".

Nessas declarações surgem os ataques aos judeus e à social-democracia de Roosevelt, acusada de socialista. E usavam da rádio para a difusão dessas ideias e posteriormente da televisão.

O "televangelismo" notabilizou pastores, como Rex Humbard, Jimmy Swaggart e Pat Robertson. Este último converteu-se no mais influente pastor dos Estados Unidos ao criar a sua própria rede de televisão, a Christian Broadcasting Network. De posições ultraconservadoras, Pat Robertson é membro do Partido Republicano.

A utilização da TV passa a ser um elemento essencial para o neopentecostalismo. Tal método de propaganda passa a ser adotado pelas igrejas evangélicas brasileiras.

> "Muitas das tendências associadas ao Trumpismo, ou ao Tea Party, têm origem nas pregações de Pat Robertson. De acordo

> com Robert Boston, autor do livro The Most Dangerous Man in America? Pat Robertson and the Rise of the Christian Coalition, o pastor se tornou um instrumento da elite dos Estados Unidos para alienar uma parcela importante da população do país".

A defesa da redução de impostos para os ricos, o corte de serviços sociais, as políticas voltadas contra as minorias que questionam o status quo foram difundidos por Robertson, além de criar teorias conspiratórias que hoje fazem parte do imaginário da grande massa de eleitores trumpistas.

A mistura entre política e religião vem de longe nos Estados Unidos e se projeta nos dias atuais, com posições extremamente reacionárias e contrárias aos avanços sociais, não só nos costumes, mas também na política, com o apoio às posições da extrema-direita e a Trump.

O pastor evangélico Samuel Rodriguez, presidente da National Hispanic Christian Leadership Conference (NHCLC), a maior organização evangélica hispânica do mundo, defende fortemente o presidente Donald Trump.

É importante assinalar que a maior inserção das igrejas evangélicas entre as comunidades latinas não é algo exclusivo dos Estados Unidos, porque desde a década de 1970 as denominações evangélicas ganharam terreno nos países latino-americanos, especialmente no Brasil, onde 30% da população declaram-se evangélicos, e 20% dos deputados federais são filiados à "bancada evangélica".

No Parlamento brasileiro, é impressionante a influência das bancadas evangélicas, as quais em sua maioria trabalham em favor de benefícios pessoais, de concessões de rádio, TV´s, de benefícios para as igrejas que representam e demonstram, em seus votos, nos procedimentos e ações, que não se preocupam com os excluídos, nem com os avanços sociais, trabalhistas ou previdenciários. Uma sinalização de que não êem qualquer preocupação com o coletivo, com o associativismo ou qualquer outro viés em benefício da maioria da população.

Isto sem falar nas pregações dos pastores e dirigentes desse segmento evangélico, utilizando o espaço público das igrejas para falar para milhões de brasileiros e brasileiras, pedindo votos para candidatos evangélicos que serão eleitos pelos milhões de evangélicos e não terão qualquer compromisso com a causa do povo.

Os líderes evangélicos desse segmento, que atuam sem qualquer ética ou escrúpulo para eleger seus candidatos, utilizam um espaço destinado à fala e à orientação religiosa para direcionar ideológica e politicamente os fiéis, orientando-os a se perfilarem ao lado do bolsonarismo e suas ideias.

Outra questão digna de nota é a existência de um forte relacionamento entre as lideranças conservadoras do Brasil e dos Estados Unidos, refletindo-se no apoio mútuo aos projetos de Donald Trump e Jair Bolsonaro.

No Brasil, a religião de matriz neopentecostal tem sido usada no combate ao Partido dos Trabalhadores (PT) e à esquerda e na defesa das ideias da direita neofascista e de Bolsonaro, incluindo toda a sua incursão pelo discurso de ódio e suas mazelas.

Tais segmentos passaram a dar importante suporte ideológico à implantação do neoliberalismo e às ideias de discriminação, ódio e violência.

É fato notório a importância que os evangélicos e suas lideranças passaram a exercer na política brasileira. Tiveram destacado papel na construção da hegemonia conservadora, sobretudo por meio de sua pauta sobre costumes, extremamente reacionária. Atacam a política de gênero, os homossexuais e o aborto, mesmo o aborto necessário à saúde, à preservação da vida e da dignidade da mulher, assegurado pelas leis brasileiras.

A radicalização e os posicionamentos assumidos publicamente pelas lideranças desse segmento de evangélicos no Brasil têm servido até para respaldar e "aceitar" em certa medida atos praticados até mesmo por estupradores, traduzindo-se num radicalismo em uma certa forma de defesa do estrupo e de quem pratica esse crime hediondo.

Para adotar uma justa posição face a esses segmentos religiosos, é importante conhecer as razões que levaram milhões deles a aderirem à pauta conservadora.

Para uma análise multilateral desse lamentável fenômeno, é indispensável separar a visão de direita – assumida sobretudo pelos dirigentes das diversas congregações – da posição de muitos fiéis que seguem essa postura em decorrência da manipulação de sua fé.

Em meu artigo intitulado *O PAPEL DOS EVANGÉLICOS NA LUTA IDEOLÓGICA*[113], cito o texto *Os Pentecostais: entre a fé e a política*, publicado na *Revista Brasileira de História*. Segundo ele, no Brasil, de 15% a 20% da população são evangélicos, sendo 62% pentecostais. A Igreja Universal do Reino de Deus, fundada em 1977 pelo bispo Edir Macedo, é a mais conhecida, seguida pela Assembleia de Deus e pela Congregação Cristã[114].

Os meios de comunicação de massas, especialmente a grande mídia brasileira, exerceram papel decisivo para o crescimento das igrejas evangélicas, sobretudo da Igreja Universal. A estratégia de comunicação dos evangélicos veio em grande medida dos Estados Unidos, por intermédio do pastor norte-americano Billy Graham. Ele pregava que as pessoas deveriam despertar sua fé não só com palavras, mas com emoções. E dava ênfase à "missão redentora dos Estados Unidos", além de uma forte pregação anticomunista.

O fundamento teológico dos neopentecostais, tanto da Igreja Universal quanto de outras igrejas com iguais atitudes e ações por parte de seus dirigentes e parte também dos "fiéis", reside na chamada Teologia da Prosperidade. Tal visão teológica é uma manifestação clara de apoio ao capitalismo e ao governo norte-americano. Ela se opõe à Teologia da Libertação originada na Igreja Católica, que enfatiza a defesa dos mais pobres e dos excluídos.

No artigo citado acima, as autoras mostram os fundamentos da Teologia da Prosperidade destacando que

> "Segundo Stoll, a convicção de ter a elite norte-americana um papel especial no plano de Deus, levou a que muitos crentes

[113] Arantes, Aldo (organizador e autor). *Por que a Democracia e a Constituição estão sendo atacadas*. Rio de Janeiro: Lumen Juris, 2019, p. 173-178.

[114] Texto de autoria de Bovkalovski, Eliane Caloy; Magalhães, Marionilde Dias Brepohl de – ambas da Universidade Federal do Paraná.

> aderissem, de forma ainda mais entusiástica, à pregação da doutrina em todo o mundo, mensagem acompanhada por um anticomunismo virulento, visto como representante de Satanás na Terra. Contra ele, a principal virtude do capitalismo deveria ser difundida, ou seja, a prosperidade e o espírito de iniciativa".

Defendendo a Teologia da Prosperidade, os pastores da Igreja Universal afirmam que só não é abastado quem não quer: as bênçãos estão ao alcance de todos, mediante a fé.

Segundo Edir Macedo, Jesus veio pregar aos pobres para que estes se tornem ricos. Fica óbvio, por essa concepção, que os neopentecostais não consideram as causas econômico-sociais da pobreza. Segundo essa doutrina, aqueles que não logram sucesso em seus empreendimentos devem procurar respostas de caráter individual e não social ou político.

O ideal de pobreza e humildade, impresso nos Evangelhos, é rejeitado em favor de uma nova ética, em que a felicidade e o bem-estar são esperados já em vida, com base na Teologia da Prosperidade. Tal Teologia é defensora do capitalismo e assim se coloca de forma frontal contra todos aqueles que criticam esse sistema. Daí a crítica virulenta aos comunistas, bem como aos petistas e à esquerda.

Mas não se pode generalizar, como em tudo na vida. É necessário ressaltar que existem pessoas e setores evangélicos progressistas que não concordam com a manipulação das mentes dos membros das Igrejas, e falam, escrevem e empreendem ações contra o estado de coisas tratado acima e se colocam nas fileiras dos que defendem a igualdade em todas as formas (gênero, raça etc.), o progresso social, os direitos dos trabalhadores, os avanços na política, a democracia e o direito e a justiça social.

Entre os líderes evangélicos progressistas que não comungam nem praticam o conservadorismo aqui tratado, podem ser citados diversos pastores que atuam no Rio de Janeiro, a exemplo do Pastor Henrique e outros. Em São Paulo, o Pastor Ed Renê Kivitz, que sofreu inclusive retaliação de uma entidade de pastores na última eleição presidencial.

É importante mencionar o pastor Ariovaldo Ramos, presidente da Visão Mundial, que, juntamente com Nilza Valeria Zacarias, secretária-geral da Frente de Evangélicos pelo Estado de Direito, escreveu o artigo *Neopentecostais e o projeto de poder*. Nele, os autores destacam que os evangélicos brasileiros, em grande parte, são inspirados pelo modelo de Igreja dos Estados Unidos. Ela precisa de protagonismo político-partidário para garantir seus interesses.

O texto destaca que começou uma nova fase na igreja, internacionalmente voltada para a conquista do poder. Esse quadro foi se tornando hegemônico em várias denominações, a maioria delas de cunho pentecostal e neopentecostal.

Ressalta ainda que, com a eleição do governo Luiz Inácio Lula da Silva, renasceu no meio da Igreja evangélica brasileira, essa mesma igreja pentecostal ou neopentecostal, como tratado acima, a disseminação do medo, o mesmo que esteve presente em 1964 na época da ditadura militar: o medo do comunismo.

A Igreja evangélica é muito arredia em relação aos movimentos de esquerda. Com a vitória do governo popular, a igreja evangélica entendeu que seria necessário se defender intensificando suas ações conservadoras. Essas lideranças aqui referidas, que felizmente não são o conjunto de evangélicos, tratam o partido do presidente Lula, o PT, como um partido comunista, claro, por conveniência em generalizar e facilitar o discurso antissocial.

Além dessa questão, com a ascensão de temas relacionados aos direitos de igualdade, como a defesa da comunidade LGBT, a igreja foi despertada para a possibilidade de que sua principal base comunitária, a família, estivesse sob ataque. Isso fez os evangélicos elegerem uma pauta moral para defender a família do que entendem ser uma perversão.

Dizem os autores que, contraditoriamente com a pregação da Teologia da Prosperidade, a bíblia é incisiva na condenação dos ricos pelo que acumulam em bens e recursos. Isso fazia a teologia, tanto dos evangélicos históricos como dos pentecostais, colocar as riquezas e os ricos em desconfiança.

Mas houve uma mudança com o surgimento da teologia da prosperidade econômica. A Ideologia capitalista é assumida como se fosse um dos artigos da fé. Isso explica, em parte, a maciça adesão dos evangélicos ao golpe institucional de 2016 de que foi vítima a então presidente Dilma Rousseff e toda a sociedade brasileira; e quem mais perdeu foram os excluídos da população brasileira.

A luta pela pauta moral intensificou nos evangélicos a consciência, ou inclinação, para a construção de um Estado cristão. Segundo os autores do texto, em sua maioria, os que resistem são proponentes de uma teologia conhecida como Missão Integral, uma teologia latina que surgiu na década de 1960. Uma teologia que busca a justiça social.

Outro texto que ajuda a entender o papel dos evangélicos na América Latina é o artigo intitulado *La Expansión del Protestantismo Fue Parte del Plan de Guerra de la CIA para América del Sur* (A expansão do protestantismo foi parte do plano de guerra da CIA para América do Sul). Nele, o blogueiro católico Jorge Rondon Santos cita um memorando de 1969 dirigido ao presidente Richard Nixon. Este memorando, escrito pelo político republicano Nelson Rockefeller, evangélico batista e vice-presidente dos EUA, referindo-se à América Latina, afirma: "A igreja católica deixou de ser um aliado de confiança dos Estados Unidos"[115].

Jorge Rondon Santos disse que Rockefeller e o governo americano apoiaram o avanço protestante na América Latina. A estratégia deles era fazer oposição à Teologia da Libertação, promovendo igrejas protestantes então rivais da Igreja Católica.

O autor destaca que o *Relatório Rockefeller* de 1969 já identificava a Teologia da Libertação como uma ameaça à segurança nacional dos Estados Unidos. O governo Ronald Reagan deu atenção ao aviso e respondeu de forma tanto militar quanto ideológica.

Sobre o apoio do mercado à teologia da prosperidade, em contraposição à Teologia da Libertação, Casara ressalta que

[115] Mile Christy, 17 de junho de 2015.

> "Nenhuma outra consideração (moral, jurídica, religiosa etc.) pode mais entravar a livre circulação e o funcionamento da lógica das mercadorias. Não por acaso, a teologia cristã da opção pelos pobres perde força para a 'teologia da prosperidade', com a promessa de paz substituída pela de dinheiro e aquisição de mercadorias"[116].

É importante lembrar que, na fase de preparação do golpe militar de 1964, havia muita preocupação dos Estados Unidos, da CIA com o crescimento das Ligas Camponesas no Nordeste brasileiro. Estávamos vivendo em plena Guerra Fria. Naquele período, a Igreja Assembleia de Deus exerceu o papel de desmobilizar os camponeses na luta pela terra. Foi o período em que a CIA enviou muitos agentes para diversas regiões do Brasil, sob o manto da Aliança para o Progresso, na preparação do golpe militar.

Realizando trabalho político na zona da mata de Pernambuco, durante a ditadura militar, pude tomar conhecimento do papel dos pastores da Assembleia de Deus no combate às Ligas Camponesas e na desmobilização dos camponeses em sua luta por melhores condições de vida e pela posse da terra.

Hoje, esse mesmo segmento de evangélicos pentecostais e neopentecostais defende a teologia do domínio, baseada no velho testamento. A teologia do domínio visa construir uma ordem social e política que eles consideram, ainda que erroneamente, baseada na Bíblia. Visa construir um poder político de caráter teocrático[117].

A construção da hegemonia conservadora criou as condições para o golpe contra a presidenta Dilma e para a vitória eleitoral da extrema-direita no País, coma eleição de Bolsonaro e de uma bancada parlamentar extremamente reacionária. A resultante de tudo isso foi o crescimento da influência evangélica no terreno político, com o crescimento de sua bancada no Congresso Nacional.

---

[116] Casara, Rubens R. R. *Op. cit.*, p. 53.

[117] Rocha, João Cezar de Castro. Vídeo *Opera Mundi*.

Para a Câmara dos Deputados foram eleitos, em 2018, 84 candidatos identificados com a crença evangélica. Nove a mais do que na legislatura anterior. No Senado, os evangélicos eram três e passaram a sete parlamentares. No total, o grupo que tinha 78 integrantes ficou com 91 congressistas.

Conservadora nos costumes, a maioria quase absoluta da bancada evangélica é contra a legalização do aborto, a descriminalização das drogas, o casamento homoafetivo e a criminalização da homofobia. Defende o endurecimento da legislação antidrogas, o Estatuto da Família, que restringe o conceito de família à união de homem e mulher. É a favor da Escola Sem Partido e prega o que chamam de "fim da doutrinação de esquerda" e da "ideologia de gênero" nas salas de aula. Apoiou as medidas econômicas e sociais de interesse do governo Bolsonaro.

Segundo matéria divulgada no Poder 360[118],

> "a Frente Parlamentar Evangélica do Congresso Nacional atualmente tem 228integrantes: 202 deputados federais e 26 senadores. Composta por 15 partidos, só 26 congressistas evangélicos podem ser contabilizados como aliados ao governo do presidente Luiz Inácio Lula da Silva (PT) [...]. A ala bolsonarista seguirá sendo a maior força dentro da bancada, com 119 congressistas dos 228". Ou seja, mais da metade do grupo.

Informa também que a bancada evangélica na Câmara possui 104 bolsonaristas, 22 lulistas e 76 independentes. E, no Senado, 15 bolsonaristas. 4 lulistas e 7 independentes. E traz os dados da presença de evangélicos por partido, informando que: no PL existem 84; no Republicanos, 34; União Brasil, 22; PSD, 17; PT, 15; PP, 15; MDB, 14; Podemos, 7; PDT, 4; Avante, 4; Novo, 3; PSDB, 2; Patriota, 2; e Solidariedade, 1[119].

Bolsonaro deu um grande passo na aproximação com os evangélicos quando, em viagem internacional, foi batizado nas

[118] Poder 360, 28 de janeiro de 2024.

[119] Poder 360, 28 de janeiro de 2024.

águas do rio Jordão, em 2019, pelas mãos do Pastor Everaldo, preso em operação sobre fraude de contratos no Rio.

Matéria da *Veja*[120] relatou que, nas eleições de 2018, muitos evangélicos não apoiadores de Bolsonaro deixaram as igrejas por considerarem que o púlpito não deveria ser usado para pedir voto. Esse segmento no meio evangélico, embora não tenha visualização na grande mídia brasileira, é composto por um grande número de membros de Igrejas Evangélicas, os quais não concordam com a manipulação das mentes das pessoas por lideranças evangélicas conservadoras e que estão a serviço de benefícios individuais para si mesmos e para as igrejas que representam.

Recentemente a bancada evangélica da Câmara apresentou o Projeto de Lei nº 1.904/2024 que criminaliza as vítimas de estupro e equipara o aborto a homicídio. Tal projeto é um sério retrocesso, se confrontado com a permissão legal de aborto quando há estupro, e vai atingir meninas de famílias pobres. A reação popular, sobretudo das mulheres, foi enérgica e o Projeto foi intitulado Projeto dos estupradores. E terminou não prosperando.

A pauta dos costumes – divulgada maciçamente nas redes sociais, utilizando mentiras como o chamado "Kit Gay" – teve importante papel na mobilização eleitoral dos evangélicos em apoio à candidatura de Bolsonaro em 2018.

Há uma evidente manipulação do sentimento religioso das camadas mais pobres da população pela cúpula da maioria das igrejas evangélicas. Tal manipulação tem um objetivo eleitoral, em sintonia com a ideologia conservadora, com o neoliberalismo e a política norte-americana.

O respeito às crenças religiosas relaciona-se à defesa da democracia, do respeito aos diferentes credos e opções religiosas e ideológicas. O sentimento religioso está presente na grande maioria dos brasileiros, tanto entre católicos, evangélicos, como entre outras crenças.

Por isso mesmo, é fundamental fazer uma separação entre a atitude dos dirigentes da maioria das igrejas evangélicas e o

[120] *Veja*. Radar, 28 de agosto de 2020.

sentimento de milhões de fiéis que se submetem a essa lógica na falsa ideia de que estão seguindo o caminho de Deus.

Diante desse quadro, será importante que os religiosos democratas, tanto evangélicos como católicos ou de outras religiões, unam-se para o desenvolvimento de uma ação junto às camadas pobres da população em defesa de valores caros aos cristãos, como a solidariedade, a ajuda mútua, a defesa da ética não só individual, mas também social, e a crítica à manipulação política religiosa com fins políticos.

É bom lembrar que, na preparação do golpe militar de 1964, a religião católica foi largamente utilizada. Os católicos conservadores – contando com o apoio e a presença do norte-americano padre Peyton – é que organizaram as Marchas da Família.

Hoje existem os católicos neopentecostais, intitulados carismáticos, que também se aliam às pautas da extrema-direita.

Tenho testemunho de pessoas próximas que relatam terem se afastado de determinadas igrejas evangélicas pela pressão política e ideológica, por parte dos pastores, a favor da extrema-direita.

Segundo matéria do *Brasil de Fato*[121], as denúncias de corrupção e possibilidade de condenação e até prisão do ex-presidente afastam a base evangélica do ex-presidente, citando que

> "Após o momento em que Bolsonaro perdeu as eleições, ele continuou podendo aglutinar forças em torno de si. Inclusive, colocando narrativas de que, eventualmente, algo poderia acontecer, insinuando o que acabou se materializando no 8 de janeiro, uma tentativa de golpe que falhou. Depois dessa data, vimos que os grupos começaram a se afastar do Bolsonaro".

Na análise do papel dos religiosos neofascistas na luta ideológica, destaca-se que as lideranças evangélicas e católicas neopentecostais, em sua quase totalidade, têm exercido papel nefasto para a democracia, para o progresso social, para a igualdade social e econômica do povo brasileiro e na luta ideológica, apoiando política e ideologicamente a extrema-direita. E ainda que a influência

[121] *Brasil de Fato*, 28 de agosto de 2023.

das igrejas evangélicas norte-americanas sobre as igrejas neopentecostais brasileiras é marcante. Nessas ideias destacam-se a negação da ciência, da história, o combate ao comunismo, a defesa do papel das elites norte-americanas nos "planos de Deus", a defesa do capitalismo e de Trump.

Outra influência diz respeito à utilização da TV como forma de atingir as amplas massas na difusão de suas ideias. E mais recentemente as redes sociais.

Fato importante foi o memorando encaminhado, em 1969, ao presidente Richard Nixon, escrito pelo político republicano Nelson Rockefeller, evangélico batista e vice-presidente dos EUA, referindo-se à América Latina, no qual afirmou: "A igreja católica deixou de ser um aliado de confiança dos Estados Unidos".

Com isso houve um grande estímulo ao crescimento das igrejas evangélicas na região.

No Brasil o pentecostalismo e o neopentecostalismo têm combatido o Partido dos Trabalhadores (PT), a esquerda, o comunismo, com ataques aos homossexuais, ao aborto e defendem pautas conservadoras.

O pano de fundo teológico dessas posições tem a ver com a Teologia da Prosperidade que defende o capitalismo e assim se coloca de forma frontal contra todos aqueles que criticam esse sistema. Daí a crítica virulenta aos comunistas, bem como aos petistas e à esquerda.

Recentemente a bancada evangélica da Câmara apresentou o Projeto de Lei nº 1.904/2024 que criminaliza as vítimas de estupro e equipara o aborto a homicídio. Tal projeto é um sério retrocesso, se confrontado com a permissão legal de aborto quando há estupro, e vai atingir meninas de famílias pobres.

O respeito às crenças religiosas relaciona-se à defesa da democracia, do respeito aos diferentes credos e opções religiosas e ideológicas. O sentimento religioso está presente na grande maioria dos brasileiros, tanto entre católicos, evangélicos, como entre outras crenças.

A generalização termina levando a erros. De fato, a maioria dos pastores evangélicos e boa parte de seus seguidores apoiam as ideias reacionárias. Todavia existem pastores e fiéis identificados com as pautas democráticas.

5. Os Militares Neofascistas e a Luta Ideológica

O texto *O PAPEL DAS FORÇAS ARMADAS*, por mim escrito para o livro *POR QUE A DEMOCRACIA E A CONSTITUIÇÃO ESTÃO SENDO ATACADAS*, segue abaixo transcrito, com algumas atualizações[122].

A vida política brasileira foi marcada pela intervenção indevida e ilegal das Forças Amadas, desde as tentativas golpistas contra os presidentes Getúlio, Juscelino e Jango (em 1961) e no golpe militar de 1964.

Para procurar impedir novos golpes, houve importante debate, na Constituinte, sobre o papel das Forças Armadas.

A Constituição de 1946 definia que estas destinavam-se a "defender a Pátria e a garantir os poderes constitucionais, a lei e a ordem", bem como Constituições anteriores. Tal formulação deixava a critério dos militares decidir em que momento deveriam agir para garantir a lei e a ordem.

Esse dispositivo constitucional foi a justificativa "legal" para os golpes militares. Todavia, surgiu na Constituinte um movimento no sentido de definir o papel das Forças Armadas como garantidoras da segurança externa do País. Mas houve forte pressão militar para manter a formulação da Constituição de 1946.

No entanto, o sentimento democrático existente no País e as consequências nefastas do golpe de 1964 criaram uma resistência a qualquer alternativa que abrisse caminho para novas quarteladas.

---

122 Arantes, Aldo. *Por que a Democracia e a Constituição estão sendo atacadas*. Rio de Janeiro: Lumen Juris, 2019, p. 72-74.

Vários são os depoimentos sobre a polêmica a respeito do papel das Forças Armadas. José Sarney relatou que, na noite em que a Constituição estava sendo impressa, o ministro do Exército, Leônidas Silveira, tomou conhecimento de que "o Bernardo Cabral mudou o que tinha combinado conosco" e determinou: "mande trazer o Bernardo aqui"[123].

Sobre a conversa com Bernardo Cabral, Sarney informou que

> "o Leônidas deu um arrocho muito grande nele e disse o seguinte 'você só sai daqui quando a Constituição estiver com o texto que nós combinamos'". "Levaram ao Leônidas (o texto) que o recebeu, e aí mandou levar para o Bernardo Cabral"[124].

O general Leônidas, falando sobre o papel das Forças Armadas, afirmou: "eu me envolvi pessoalmente neste debate". Questionado se haveria, na Constituinte, condições de passar a definição de que às Forças Armadas estaria destinado o papel da segurança externa, ele respondeu: "Não, porque eu não deixaria passar". Declarou ainda que o senador Fernando Henrique foi à sua casa, levando uma proposta de redação sobre o papel das Forças Armadas, garantindo a intervenção na ordem interna, sob a autorização de um dos poderes constitucionais. E ele falou para o senador: "Olhe, senador, eu gostei, está aprovado por mim".

Tal relato mostra, de forma explícita, a maneira autoritária com que os militares se relacionaram com a Constituinte. A afirmação do ministro do Exército, referindo-se à definição do papel das Forças Armadas, de que "eu não deixaria passar", indicava uma disposição de intervir para impedir uma decisão da Constituinte contrária aos interesses dos militares. A sombra da ditadura continuava presente!

O ex-presidente Fernando Henrique deu sua versão sobre o fato, afirmando ter participado de uma reunião com o presidente

---

[123] Carvalho, Luiz Makluf. *Segredos da Constituinte*. Rio de Janeiro: Record, 2017, p. 51.
[124] Idem, p. 52.

Sarney na qual estavam presentes o general Ivan Mendes e o Chefe da Casa Civil,

> "Para tentar resolver um impasse que o Bernardo tinha criado, sobre o artigo que tratava do papel das Forças Armadas na Constituição. Já tínhamos chegado a um acordo – é o artigo que acabou ficando –, mas o Bernardo passou por cima e acabou aceitando uma proposta dos líderes da esquerda como o Plínio de Arruda Sampaio"[125].

Nelson Jobim, também relatando o assunto, afirmou:

> "Certa manhã, toda esquerda foi lá no Prodasen – eu me lembro do José Genoíno (PT) e do Haroldo Lima (PCdoB) – para oferecer outro texto que não tinha sido combinado. O Bernardo no meio, o Fernando Henrique do outro lado, o José Ignácio e eu na ponta. Conversa vai, conversa vem, e o Bernardo não dizia não para ninguém. Simplesmente aceitou o texto da esquerda"[126].

José Genoíno, em entrevista a mim concedida, afirmou que a esquerda foi procurar Bernardo Cabral com uma proposta elaborada por Fernando Henrique, que atribuía às Forças Armadas o papel de cuidar da segurança externa, do espaço aéreo, do mar, das fronteiras e dos poderes constitucionais, tirando a responsabilidade de garantir a lei e a ordem. E, então, Bernardo Cabral disse: "Eu vou adotar isso aí". Afirmou ainda que Fernando Henrique dissera: "Vai dar confusão". A emenda era dele, e nós dissemos: "Pô, Fernando, a emenda é tua"[127].

Assim, a redação final estabeleceu que as Forças Armadas destinam-se "à defesa da Pátria, à garantia dos poderes constitucionais, e, por iniciativa de qualquer destes, da lei e da ordem".

Tal redação não atendeu às propostas no sentido de que caberia às Forças Armadas a garantia da segurança contra inimigo

---

[125] Idem, p. 117.

[126] Idem, p. 214.

[127] Depoimento de José Genuíno prestado a mim em 30 de setembro de 2018.

externo, mas fixou que a autorização para as FFAA atuarem em defesa da lei e da ordem ficou condicionada à solicitação de um dos poderes da República.

Os militares estavam muito bem articulados na Constituinte, contando com assessores das diversas armas e com a força que as cúpulas militares tinham sobre o governo Sarney.

A análise do papel das Forças Armadas no governo Bolsonaro é um indicativo importante para avaliar o papel dessa instituição naquele período.

É interessante conhecer o passado militar, o presidente neofascista e como ele era avaliado pelos seus superiores. Sobre o passado do ex-presidente, um artigo da revista *Veja*, intitulado *O salário está baixo*[128] destaca que

> "o capitão Jair Bolsonaro cobrou abertamente do comando militar do país a política salarial, os soldos pagos a soldados e oficiais de baixas patentes".

Por causa desse fato, ficou 15 dias preso em um quartel.

No ano seguinte, a revista publicou uma reportagem em que revelava supostos planos de Bolsonaro e de um colega militar, Fábio Passos, de explodir bombas em instalações militares com o objetivo de pressionar o comando por melhores salários e condições de trabalho.

O fato fez com que ele respondesse a uma investigação em um conselho de justificação do Exército, no qual foi inicialmente condenado por unanimidade. Após recorrer ao Superior Tribunal Militar (STM), foi absolvido por falta de provas, por nove votos a quatro.

Em 1993, em entrevista a pesquisadores da Fundação Getúlio Vargas (FGV), o general Ernesto Geisel classificou o então deputado federal como um "mau militar", afirmando que

> "militares devem ficar fora da política partidária, mas não da política geral (...). Presentemente, o que há de militares no

[128] Jota, 13 de maio de 2022.

> Congresso? Não contemos o Bolsonaro, porque o Bolsonaro é um caso completamente fora do normal, inclusive um mau militar".

A intervenção dos militares está presente em vários episódios da vida política brasileira, no passado e no presente. Em abril, na véspera do julgamento no STF que definiria se Lula permaneceria preso, o então comandante do Exército, general Eduardo Villas Bôas escreveu no Twiter:

> "Asseguro à Nação que o Exército Brasileiro julga compartilhar o anseio de todos os cidadãos de bem de repúdio à impunidade e de respeito à Constituição, à paz social e à democracia, bem como se mantém atento às suas missões institucionais"[129];

Foi uma clara ameaça ao Supremo Tribunal Federal que, infelizmente, dobrou-se à pressão.

Na cerimônia de passagem do cargo de ministro da Defesa, um dia após ter assumido a presidência da República, Bolsonaro elogiou o general Villas Bôas e afirmou: "O que já conversamos morrerá entre nós. O senhor é um dos responsáveis por eu estar aqui".

A militarização do governo Bolsonaro levou mais de seis mil militares a ocuparem cargos civis no governo federal. Seu governo foi marcado de Atos com a participação política de militares. Entre essas ações contra a democracia, o Portal G1[130] traz informações sobre as manifestações dos bolsonaristas no dia 7 de setembro de 2021. Tais atos foram convocados por Bolsonaro e defendiam pautas antidemocráticas, com ataques ao STF e pedindo intervenção militar. Era a criação de um ambiente favorável à tentativa de golpe colocada em pratica no ano seguinte.

Segundo informou a BBC News Brasil[131], a Polícia Federal relatou que os ex-comandantes da Aeronáutica e do Exército, em

[129] Poder 360, 03 de abril de 2018.
[130] Portal G1, 18 de maio de 2021.
[131] BBC NEWS BRASIL, 17 de março de 2024.

depoimentos na operação *Tempus Veritas*, declararam que o ex-presidente os consultou sobre como se manter no poder após o resultado das eleições. Os dois se manifestaram contra o que classificaram como "ruptura do regime democrático".

A tentativa golpista de janeiro de 2022 só não se tornou realidade pela reação imediata do presidente Lula, sob sugestão do ministro da Justiça Flávio Dino. Fez intervenção no governo do Distrito Federal e colocou as Forças policiais do Distrito Federal sob a direção do governo Federal, bem como mobilizou forças policiais de outros estados. E não pôs em marcha a GLO – garantia da Ordem e da Lei –, o que colocaria os militares no comando da situação. Fica explícita a participação de importantes segmentos das Forças Armadas na tentativa golpista de 8 de janeiro de 2022.

Em tal tentativa golpista, foi aventada uma "manipulação jurídica", sem nenhum fundamento constitucional, de fazer uso de um falso "poder moderador das forças armadas" defendido pelo jurista conservador Ives Gandra Martins para justificar a intervenção militar.

Na Constituição de 1988, não há nenhuma hipótese de as Forças Armadas exercerem o papel de poder moderador. Sua intervenção só é possível por iniciativa de um dos poderes constitucionais.

Poder-se-ia questionar: E se houver iniciativas de diferentes poderes com posições contraditórias? Nesse caso a solução ficaria nas mãos do Supremo Tribunal Federal, órgão responsável pela defesa da Constituição.

O pensamento predominante entre os militares foi objeto de análise no livro *COMENTÁRIOS A UM DELÍRIO MILITARISTA*[132]. Na apresentação o organizador do livro, Manuel Domingos Neto, especialista em assuntos militares, ressalta o papel dos militares na "busca de conduzir os destinos do país".

O livro *Projeto de Nação – o Brasil em 2035* conta com inúmeros autores e toma como base do estudo o documento apresentado em maio de 2022, resultado de uma parceria entre o Instituto

[132] Domingos Neto, Manuel (org.). *Comentários a um delírio militarista*. Fortaleza: Imprece/Gabinete de Leitura, 2022, p. 9.

Sagres, o Instituto Federalista e o Instituto General Villas Bôas. Segundo o organizador esse Projeto não representa oficialmente o pensamento da corporação militar, mas "exprime sentimentos, ideias e proposições correntes nas fileiras".

Manuel Domingos afirma que

> "O 'Projeto de Nação' fundamenta-se em conceitos antigos, presentes na Doutrina de Segurança Nacional, na 'Política Nacional de Defesa' e na 'Estratégia Nacional de Defesa' (...) 'Globalismo', 'marxismo cultural', 'politicamente correto' e 'conservadorismo evolucionista', expressões usadas pela militância conservadora".

Sobre o chamado Globalismo, o texto afirma sera "a sociedade liberal submetida aos mecanismos de controle daquele núcleo gramscista, ou comunista ou fisiológico, como chamamos"[133]. E distingue Globalização de Globalismo. O primeiro incorpora o livre comércio e o livre mercado. Já o Globalismo é "um arranjo oposto que só existe por causa de políticos e burocratas"[134].

Para o autor,

> "A elucubração do 'Movimento Globalista Internacional' é a versão contemporânea do velho anticomunismo que se adapta ao seu tempo como instrumento de coesão e mobilização ideológica, alicerçado num profundo fundamentalismo religioso"[135].

O anticomunismo continua presente com as antigas e novas roupagens, como nesse caso do Globalismo.

> "O País da utopia militar será alimentado, diz o 'Projeto de Nação', pelo 'revigoramento do patriotismo, do civismo e de

[133] Idem, p. 81.
[134] Idem, p. 82.
[135] Idem, p. 115.

> valores morais tradicionais, em contraposição a valores sociais, muitos deles contaminados pelas ideologias radicais', neutralizadas as correntes ideológicas que consideram radical e nocivo"[136].

A passagem acima traz à tona a oposição entre a pauta social das "ideologias radicais" e a defesa do patriotismo, civismo e dos valores tradicionais, pautas da extrema-direita.

> "A assinatura fascista da utopia militar está na promessa de 'neutralizar o poder das correntes de pensamento ideológico radical e utópicas'. Trata-se de impor a uniformidade ideológica, o sonho de todo regime opressor"[137].

A Guerra Cultural da extrema-direita fica cristalina no objetivo do tal projeto de "neutralizar o poder das correntes de pensamento ideológico radical e utópicas".

A influência dos militares na vida política continua até hoje, sob novas formas.

Por isso mesmo, um governo democrático necessita adotar uma nova política de formação democrática das Forças Armadas, fundada nos princípios de nossa Constituição, assim como promover oficiais identificados com tais objetivos.

Pela análise destaca-se que a intervenção dos militares na vida política brasileira se fez sentir em vários momentos da história brasileira. Isso ocorre sempre que há um governo contestando a dependência brasileira aos Estados Unidos e defendendo os interesses da maioria da sociedade.

Na Constituinte houve um importante debate que terminou por condicionar a intervenção das FFAA a um dos poderes da República. Na própria Constituinte, ficou evidente a pressão dos militares. Fato que se expressou em várias outras oportunidades, sobretudo na tentativa golpista de 2022.

O pensamento que sustenta as ideias conservadoras e de extrema-direita entre os militares foi realizado por meio do livro

---

136 Domingos Neto, Manuel (org.). *Op. cit.*, p. 257.

137 Idem, p. 262.

COMENTÁRIOS A UM DELÍRIO MILITARISTA tendo como referência o Projeto de Nação.

Nele fica explícito o apoio às ideias conservadoras, ao neoliberalismo, ao anticomunismo, no combate às ideias de Grasmci e ao chamado marxismo cultural.

A Guerra Cultural da extrema-direita fica evidente com o objetivo do tal projeto de "neutralizar o poder das correntes de pensamento ideológico radical e utópicas".

A influência dos militares na vida política continua até hoje, sob novas formas. Por isso mesmo, um governo democrático necessita adotar uma nova política de formação democrática das Forças Armadas, fundada nos princípios de nossa Constituição, assim como promover oficiais identificados com tais objetivos.

6. Os Políticos Neofascistas e a Luta Ideológica

Um ambiente favorável para a análise do perfil dos políticos brasileiros relaciona-se com a ação parlamentar. Através do voto e das opiniões, fica delineado o perfil político-ideológico do parlamentar.

Na Constituinte foi possível identificar melhor as diversas tendências político-ideológicas dos partidos políticos e dos políticos pela diversidade das questões lá discutidas e votadas. Ela era composta por 559 parlamentares, dos quais 487 deputados e 49 senadores eleitos em 1986; e 23 senadores biônicos, eleitos de forma indireta, em 1982.

A eleição da Constituinte ocorreu após o plano Cruzado, o que assegurou uma forte representação do PMDB, que elegeu 279 deputados. O PFL elegeu 119; PDS 33; PDT 25; PTB 16; PT 16; PL 08; PDC 05; PCdoB 03; PCB 05; PSB 02; PSC 01, num total de 512 deputados. A bancada do PCdoB, logo no início dos trabalhos, cresceu para cinco parlamentares com a incorporação de Aldo Arantes (PMDB-GO) e Eduardo Bonfim (PMDB-AL). Para o Senado, o PMDB elegeu 23 dos 29 eleitos, já que existiam 11 senadores biônicos.

O PMDB contava com um grupo progressista intitulado Tendência Popular do PMDB, que incluía os antigos participantes do grupo Autêntico, como Cristina Tavares (PE), Domingos Leonelli (BA), João Hermann Neto (SP), José Fogaça (RS), Hermes Zanetti (RS) e Airton Soares (SP).

A Assembleia Constituinte tinha um perfil onde predominava o conservadorismo. Todavia conseguiu aprovar uma Constituição de conteúdo social e democrático, fruto do clima político com o fim da ditadura militar e a ampla mobilização da sociedade.

Os conservadores organizaram-se em torno do Centrão que surgiu como resposta, dos setores empresariais da sociedade, contra os avanços obtidos nas comissões e subcomissões, nomeadamente em decorrência da aprovação do primeiro relatório da Comissão de Sistematização que desagradou profundamente àqueles segmentos políticos.

Pelo Regimento Interno, aprovado no início dos trabalhos constitucionais, não se poderia apresentar destaques para títulos e capítulos ao texto da Comissão de Sistematização, o que criava grandes dificuldades para sua alteração.

Por isso, os setores conservadores da Constituinte desencadearam um movimento para a alteração do Regimento Interno. Lembro-me da forte reação dos setores democráticos e progressistas quando o presidente Ulysses Guimarães acatou uma questão de ordem do Centrão, abrindo espaço para essa alteração. Nele destacou-se a forte reação do líder do PCdoB, Haroldo Lima.

Diante do amplo apoio conseguido pelo Centrão, o presidente Ulysses designou o vice-presidente da Assembleia Constituinte, Mauro Benevides (PMDB/CE), para elaborar as alterações do Regimento Interno.

Em 6 de janeiro de 1988, portanto após 10 meses da aprovação do Regimento, foi publicada a resolução que alterava alguns de seus aspectos. O resultado prático da mudança foi que o Centrão conseguiu inverter a situação.

A partir da mudança regimental, os que pretendessem manter o texto necessitavam conseguir a maioria absoluta de votos; o mesmo ocorrendo com quem quisesse modificá-lo. A votação era feita através do Destaque de Votação em Separado (DVS). Todavia, essa alteração não assegurava a vitória das forças conservadoras e de direita.

A primeira derrota do Centrão ocorreu na votação do capítulo relativo à Ordem Econômica, na qual a proposta do grupo foi derrotada por 279 votos contra 210.

O texto intitulado *Centrão: passado, presente e futuro* destaca os interesses que se organizaram na Constituinte, ao expor que

> "o primeiro interesse era liberal, o segundo era conservador em relação aos valores, liderado pelos evangélicos; o terceiro era ruralista, o quarto interesse era governista"[138].

Foram grandes os avanços nas questões sociais, como a universalização dos direitos à educação, a saúde, trabalho, lazer, segurança, previdência social, proteção à maternidade e à infância e assistência aos desamparados.

Para obter essas e outras conquistas, formou-se uma aliança dos setores progressistas da Constituinte, constituída por boa parcela do PMDB e do PT, PDT, PCdoB, PSB e PCB. Entre as conquistas, está o salário-mínimo. O texto inicial dispunha: "salário mínimo capaz de satisfazer às suas necessidades básicas e as de suas famílias na forma da lei". Já a redação final, avançou ao definir quais as necessidades mínimas do trabalhador, dispostas no artigo 7°, IV:

> "salário-mínimo, fixado em lei, capaz de atender às suas necessidades vitais básicas e às de sua família, com moradia, alimentação, educação, saúde, lazer, vestuário, higiene, transporte e previdência social, com reajustes periódicos que lhe preservem o poder aquisitivo, sendo vedada sua vinculação para qualquer fim".

[138] Antônio Augusto de Queiroz, diretor de Documentação do Departamento Intersindical de Assistência Parlamentar (Diap), organizador do livro *Quem é Quem na Constituinte.*

Na votação do salário-mínimo, o PMDB contou com 205 votos a favor e 26 contra. O PFL com 43 e 54; o PDS, com 17 e nove. O total das bancadas do PT, PCdoB, PSB e PCB votaram a favor. O PDT contou com 23 votos a favor e um contra.

Sobre o piso salarial, o texto que terminou aprovado só surgiu no final do primeiro turno, com a seguinte redação do artigo 7º, V: "piso salarial proporcional à extensão e à complexidade do trabalho". A votação no primeiro turno contou com 219 votos do PMDB a favor e 32 contra; o PFL, 58 e 36; o PTB assegurou 17 a favor e dois contra; o PDS 12 e 16; o PDC, três votos contra. A totalidade das bancadas do PDT, PT, PSB, PCdoB, PCB e PMDB votou a favor.

Na votação da jornada de 40 horas semanais de trabalho, o debate acabou caminhando para a polarização entre 44 e 48 horas de trabalho, terminando aprovada a jornada de 44 horas. Na votação o PMDB assegurou 103 votos a favor e 163 contra; o PFL 14 e 101; o PDS, dois e 26; o PL e o PDC se dividiram. O PTB com 14 votos a favor e cinco contra. O PDT, PT, PCdoB, PCB, PSB e PMDB votaram a favor. Essa foi outra votação em que a maioria do PMDB não se aliou à esquerda, como ocorreu na votação da estabilidade no emprego.

Foi aprovada, também, a licença maternidade de 120 dias, nos seguintes termos: "licença à gestante, sem prejuízo do emprego e do salário, com a duração de cento e vinte dias".

Sobre o direito de greve, o texto inicial previa:

> "É livre a greve, na forma da lei, vedada a iniciativa patronal, competindo aos trabalhadores decidir sobre a oportunidade e o âmbito de interesses que deverão por meio dela defender".

A redação final do artigo 9º ficou assim: "

> É assegurado o direito de greve, competindo aos trabalhadores decidir sobre a oportunidade de exercê-lo e sobre os interesses que devam por meio dele defender".

Chama a atenção o fato de que foi retirada a proibição de greve patronal existente na primeira redação. No primeiro turno de votação, o PMDB contou com 239 parlamentares votando a favor e 15 contra; o PFL com 88 a favor e 16 contra; o PDS com 23 e três; o PTB com 17 e três; o PL com três e um. Os demais partidos votaram a favor.

No segundo turno, votaram a favor 172 do PMDB, 29 contra; do PFL, 35 a favor e 60 contra; do PDS, 10 e 17; do PTB, 15 e dois; do PL, um voto contra. Os demais partidos votaram maciçamente a favor. É interessante notar que os votos a favor, do PMDB, diminuíram no segundo turno, bem como os do PFL. Essa alteração só pode ser explicada como fruto da pressão dos empresários.

Na análise da votação de temas relacionados aos direitos dos trabalhadores, fica visível que, quando a maioria do PMDB se aliava à esquerda, os temas eram aprovados. Quando isso não ocorria, não se conseguia a aprovação, como se verificou em relação à estabilidade, à Comissão de Fábrica e a 40 horas de jornada semanal de trabalho. A posição adotada pelo líder do PMDB, senador Mário Covas, foi determinante para esse resultado.

A Assembleia Nacional Constituinte constituiu-se num momento destacado da composição do Parlamento brasileiro, onde discutia-se sobre as grandes questões que definiram os rumos futuros do Brasil.

Todavia, o aumento da influência do poder econômico nas eleições e da extrema-direita colocou, crescentemente, o parlamento à mercê do poder econômico e das pautas reacionárias, contrárias aos princípios humanistas da Constituição brasileira.

Falando sobre essa questão, Ulysses Guimarães afirmou: "Está achando ruim essa composição do Congresso? Então espera a próxima: será pior. E pior, e pior..."[139]. Nas eleições de 2018, sob a liderança de Bolsonaro, a extrema-direita cresceu e assegurou a eleição de uma forte bancada.

A Câmara dos Deputados foi composta por deputados federais de 30 partidos. O PT elegeu 56 deputados e o PSL, 52. Em

[139] Poder 360, 30 de janeiro de 2017.

seguida aparecem PP (37), MDB (34) e PSD (34). O PMDB foi o que mais perdeu cadeiras: caiu de 66 eleitos, em 2014, para 34 eleitos em 2018. O PSL foi o que mais ganhou cadeiras: 52 deputados eleitos agora, contra um em 2014. E o PSDB, a 3ª maior bancada eleita em 2014, caiu para a 9ª posição.

O PL, partido de Bolsonaro, elegeu 99 deputados federais, um aumento de 23 parlamentares em relação à legislatura anterior, com destaque para Nikolas Ferreira (PL-MG), Carla Zambelli (PL-SP), Eduardo Bolsonaro (PL-SP) e Ricardo Salles (PL-SP) que ficaram entre os cinco mais votados.

O vereador mineiro Nikolas Ferreira foi o recordista, com 1.492.047 mil votos à Câmara. Entre os cinco mais votados, apenas Guilherme Boulos (PSOL), segundo na lista, não apoiava o presidente eleito. Bia Kicis (PL-DF) foi a deputada federal mais votada no Distrito Federal. No Rio de Janeiro, o ex-ministro da Saúde, Eduardo Pazuello (PL-RJ), foi o recordista de votos. O União Brasil conseguiu 59 cadeiras na Câmara, o Partido Progressista (PP) fez 47 deputados federais, e o Partido Social Democrático, de Gilberto Kassab, 42 vagas. Somando as conquistas, esses partidos conseguiram praticamente metade dos 513 deputados: 247 parlamentares.

No Senado, foram eleitos oito senadores, somando 13 congressistas na Casa. Com isso, o PL conseguiu totalizar 112 parlamentares no Congresso Nacional.

Partidos que apoiavam o ex-presidente Lula, somados ao PDT, conseguiram 59 cadeiras, chegando a um total de 138 deputados federais.

No Senado, dos 27 senadores eleitos que se somaram aos congressistas já eleitos no pleito anterior, 20 são apoiadores de Bolsonaro. Já o PT, do presidente Luiz Inácio Lula da Silva, elegeu nove senadores. O União Brasil, fusão do Democratas e do Partido Social Liberal (PSL), conseguiu eleger cinco nomes, resultando em uma bancada de 12 senadores para 2023. O PSD e o MDB, dez senadores cada. Foi a primeira eleição, desde 1986, que o MDB saiu das eleições sem a maior bancada do Senado.

Todavia a melhor identificação político-ideológica da base do bolsonarismo é expressa pelas bancadas da bíblia, da bala e do gado. Após a eleição de 2023, a Bancada da bíblia, organizada através da Frente Parlamentar Evangélica[140], ficou com 228 deputados e 26 senadores. Destes 228, 119 eram bolsonaristas, 26 apoiavam Lula e 76 independentes.

Na Câmara, havia 104 bolsonaristas e 22 lulistas. No Senado, 15 bolsonaristas e quatro lulistas.

Analisando a participação de deputados evangélicos, por partido, o PL elegeu 84; o Republicanos 34; União Brasil 22; PSD 18; PT 15; e MDB 14.

A Bancada da Bala se organiza na Frente Parlamentar da Segurança Pública[141]. Foi lançada na Câmara com 263 parlamentares, com 38 oriundos da Polícia Militar, Polícia Civil e Polícia Federal.

No Senado a Bancada evangélica foi composta por 13 senadores, incluindo Flavio Bolsonaro (PL) e Magno Malta (PL).

A Bancada do Boi é organizada através da Frente Parlamentar da Agropecuária[142], com 324 deputados e 50 senadores.

A Bancada de extrema-direita de Bolsonaro, aliada ao Centrão em determinadas pautas, tem imposto derrotas e criado dificuldades para o governo Lula.

A luta ideológica é parte da luta de classes e da construção da hegemonia da classe dominante. Todavia, sua forma e seu conteúdo alteram-se na história porque os chamados instrumentos ideológicos modificam-se e sua capacidade de construir e hegemonizar ideias também. O surgimento das redes sociais dá a caraterística da forma e do conteúdo da luta cultural e ideológica na atualidade.

Como ficou visto, um ambiente favorável para a análise do perfil dos políticos brasileiros relaciona-se com a ação parlamentar. Através do voto e das opiniões, fica delineado o perfil político-ideológico do parlamentar.

---

140 Poder 360, 28 de janeiro de 2024.

141 Metrópoles, 02 de maio de 2023. Congresso em Foco, 07 de fevereiro de 2024.

142 ((o))eco, 07 de fevereiro de 2024.

Na Constituinte foi possível identificar melhor as diversas tendências político-ideológicas dos partidos políticos e dos políticos pela diversidade das questões lá discutidas e votadas.

A Assembleia Constituinte tinha um perfil no qual predominava o conservadorismo. Todavia conseguiu aprovar uma Constituição de conteúdo social e democrático, fruto do clima político que reclamava por direitos, com o fim da ditadura militar e a ampla mobilização da sociedade.

Os conservadores organizaram-se em torno do Centrão que surgiu como resposta dos setores empresariais da sociedade contra os avanços obtidos nas comissões e subcomissões, nomeadamente em decorrência da aprovação do primeiro Relatório da Comissão de Sistematização que desagradou profundamente àqueles segmentos políticos.

A Assembleia Nacional Constituinte constituiu-se num momento destacado da composição do Parlamento brasileiro, onde discutia-se sobre as grandes questões que definiram os rumos futuros do Brasil.

Todavia, o aumento da influência do poder econômico nas eleições e da direita neofascista colocou, crescentemente, o parlamento à mercê do poder econômico e das pautas reacionárias, contrárias aos princípios humanistas da Constituição brasileira.

A melhor identificação político-ideológica da base do bolsonarismo se expressa pelas bancadas da bíblia, da bala e do gado.

A Bancada de extrema-direita de Bolsonaro, aliada ao Centrão em determinadas pautas, tem imposto derrotas e criado dificuldades para o governo Lula.

Capítulo V

Nova forma de capitalismo

1. Capitalismo de Plataforma

Uma dimensão decisiva na Guerra Cultural foi o surgimento das redes sociais. A nova fase do capitalismo tem sido identificada como capitalismo de plataforma, capitalismo de vigilância, entre outras. Hoje, diversos autores estudam este fenômeno. Na atual fase do capitalismo, a mineração de dados passou a ser a nova forma da acumulação capitalista.

Nick Srnicek, autor do livro *CAPITALISMO DE PLATAFORMA*, mostra que, quando o capitalismo entra em crise,

> "procura se reestruturar com novas tecnologias, novas formas de organização, novos modos de exploração, novos tipos de trabalho e novos mercados emergem para criar uma nova maneira de acumular capital"[143].

E ainda que a plataforma emergiu como um novo modelo de negócios capaz de extrair e controlar uma imensa quantidade de dados.

[143] Srnicek, Nick. *Capitalismo de plataforma*. Buenos Aires: Caja Negra, 2018, p. 39.

O autor mostra como a crise do capitalismo o levou a se reestruturar com novas tecnologias, encontrando uma nova forma de acumular capitais com extração de uma nova matéria-prima, os dados[144].

> "Os dados são a matéria-prima que deve ser extraída, e as atividades dos usuários, a fonte natural da matéria-prima. Igual ao petróleo, os dados são um material que se extrai, se refina e se usa de distintas maneiras"[145].

O capitalismo criou o mercado da venda de dados que se tornou o caminho mais lucrativo de acumulação do capital.

Tal análise é comprovada, ao se constatar que, tomando como referência a estimativa de valor, as maiores empresas do mundo são as big techs.

Segundo dados divulgados em dezembro de 2022, pelo Instituto Statista, que fornece levantamentos sobre mercado e tendências de consumo a nível global, a estimativa de valor das cinco maiores empresas do mundo, chamadas big techs é de: Apple, US$ 947,06 bilhões; Google, US$ 819,5 bilhões; Amazon, US$ 705,6 bilhões; Microsoft, US$ 611,4 bilhões; Tenente, US$ 214,02 bilhões[146].

Ressaltando o papel que o Estado pode exercer no controle das bigh techs, Srnicek destaca que

> "O Estado, porém, tem o poder para combater plataformas. Demandas antimonopolistas podem quebrar os monopólios, regulações locais podem impedir e até proibir as plataformas austeras exploradoras, agentes governamentais podem impor novos controles de privacidade"[147].

---

[144] Idem, p. 41.

[145] Idem, p. 43.

[146] Magalhães, Williane. *Conheça as cinco maiores empresas do mundo*. Remessa Online, 6 de junho de 2024. Disponível em: https://www.remessaonline.com.br/ blog/ empresas-mais-valiosas-do-mundo/.

[147] Srnicek, Nick. *Op. cit.*, p. 115.

Conhecedor dos males causados pelas bigh techs, o autor alerta para a importância de ocorrer a sua regulamentação. E destaca

> "Em vez de só regular as plataformas corporativas, dever-se-ia realizar esforços para criar plataformas de propriedade do povo e controladas por ele. (E, mais importante ainda, independente do aparato de vigilância do Estado). Isto Implicaria inverter enormes recursos do Estado na tecnologia necessária para apoiar estas plataformas e oferecer-lhes serviços públicos"[148].

Abordando a relação entre o desenvolvimento capitalista e a mineração de dados, Shoshana Zuboff, analisa de forma aprofundada a modificação comportamental fruto das novas tecnologias, sublinhando que

> "o Google não faria mais mineração de dados comportamentais para melhorar o serviço para seus usuários, e sim para ler as mentes deles a fim de combinar anúncios com os seus interesses (...), com o acesso a dados comportamentais, seria possível então saber o que um indivíduo específico, num tempo e espaço específicos, estava pensando, sentindo e fazendo"[149].

A escritora pontua uma questão de grande relevância para se entender as consequências das bigh techs. Identifica, na leitura das mentes dos usuários, seus pensamentos, sentimentos e o que estavam fazendo. Com esses dados poderia orientar os usuários à compra de determinados produtos e à determinada opção político-eleitoral. E mostra a utilização dos dados comportamentais para uso comercial. E Steve Bannon passou a utilizá-los para a luta política.

E explica o significado do superávit comportamental da seguinte forma:

---

[148] Idem, p. 116.

[149] Zuboff, Shoshana. *A Era do Capitalismo de Vigilância* – A luta por um futuro humano na nova fronteira do poder. Rio de Janeiro: Intrínseca, 2019, p. 97.

> "Esses dados comportamentais disponíveis para uso além de melhorias nos serviços constituíam um superávit, e foi na força desse superávit comportamental que a jovem companhia encontraria a solução para 'lucro constante e exponencial'"[150].

A autora destaca que a descoberta do superávit comportamental marca um ponto de inflexão crítico não só na biografia do Google, mas também na história do capitalismo.

Shoshana denunciou a política adotada pelas big techs de impedir sua regulamentação, quando realça que

> "É importante compreender que os capitalistas de vigilância são impelidos a buscar essa ausência de legislação pela lógica que eles mesmos criaram. Google e Facebook colocaram muita pressão para eliminar a proteção privada on-line, limitar regulações, enfraquecer ou bloquear legislações que aumentem a privacidade (...), tais leis são ameaças ao fluxo desimpedido de superávit comportamental".

Essa análise reflete o que ocorreu no Brasil com a tentativa de aprovação do Projeto de Lei nº 2.630/2020 que procurava regular as big techs e enfrentou uma campanha aberta contra, envolvendo as próprias big techs e setores reacionários da sociedade, que resultou na retirada do projeto da pauta de votações da Câmara dos Deputados.

A escritora afirma que

> "O poder instrumentário não confronta a democracia, e sim a erode a partir de seu interior, correndo as aptidões e a autocompreensão humana requeridas para manter uma sociedade democrática"[151].

A fingida defesa da democracia feita por Bolsonaro visava criar uma falsa percepção da democracia, da Constituição e da

---

[150] Zuboff, Shoshana. *Op. cit.*, p. 93.

[151] Idem, p. 432.

liberdade de expressão, visando preparar as condições para a tentativa golpista de 2022.

Shoshana destacou que

> "a modificação comportamental opera, logo além do limiar da consciência humana, para induzir, recompensar, incitar, punir e reforçar um comportamento consistente com as 'políticas corretas', podendo prever e mudar o dial da sociedade quanto a padrões de votação, estados emocionais ou qualquer outra coisa que quiser"[152].

Nesse trecho ela revela o papel das emoções para mudar os padrões de comportamento da sociedade, inclusive em relação ao voto.

E afirma, ainda, que

> "o monstruoso colosso antidemocrático e anti-igualitário do capitalismo de vigilância é mais bem descrito como um golpe vindo de cima, guiado pelo mercado"[153].

Com essa análise, a escritora desnuda o efeito do capitalismo de plataforma, mostrando sua capacidade de predizer e moldar o comportamento humano.

Tal diagnóstico indica as sérias consequências que as plataformas acarretam à democracia e ao processo eleitoral, desvendando as razões pelas quais a extrema-direita fez a opção pela via eleitoral para a conquista de governos.

Shoshana faz uma séria denúncia de que se trata de um golpe vindo de cima, do mercado.

A capacidade das plataformas de atingirem setores determinados da sociedade, com grande eficácia, deve-se ao papel dos algoritmos. Eles são uma ferramenta decisiva na Guerra Cultural.

O algoritmo é uma fórmula matemática para obter determinado resultado. As bigh techs, ao utilizá-los, processam grandes

---

[152] Idem, p. 467.

[153] Idem, p. 576.

volumes de dados com muita rapidez. Com isto, elas obtêm resultados em tempo recorde e atingem seu alvo com grande precisão.

Cathy O'Neil, em seu livro *ALGORITMOS DE DESTRUIÇÃO EM MASSA – como o big data aumenta a desigualdade e ameaça a democraci*a, mostra que

> "apesar dos algoritmos terem uma reputação de imparcialidade, de fato refletem objetivos e ideologias (...). São modelos e opiniões embutidos em matemática. E destaca que certos algoritmos incorporam preconceitos racistas, antissociais e antidemocráticos"[154].

Afirmando que "independentemente da questão racial aparecer ou não de forma explícita em julgamentos, ela tem sido, há muito, um fator decisivo em sentenças", citando que, em Houston, EUA, os promotores eram três vezes propensos a solicitar pena de morte para afrodescendentes, e quatro vezes para hispânicos, em comparação a brancos condenados pelas mesmas acusações[155].

Assim, Shoshana denuncia que os algoritmos não são neutros. Seus construtores incorporam determinados vieses para obterem o resultado desejado. E, citando as conclusões do Facebook Cathy O'Neil relata que

> "Estados emocionais podem ser transferidos a outros (...), levando pessoas a sentir as mesmas emoções sem que tenham consciência disso (...), o que ocorreria se jogassem com as emoções das pessoas no dia das eleições"[156].

Essa revelação da escritora dá elementos para entendermos como determinadas pessoas alteram seus sentimentos, suas emoções, sem perceberem.

Falando em "bombas ideológicas", a autora afirma que

---

[154] O'Neil, Cathy. *Algoritmos de Destruição em Massa* – como o big data aumenta a desigualdade e ameaça a democracia. Santo André (SP): Editora Rua do Sabão, 2020, p. 35.

[155] Idem, p. 39.

[156] Idem, p. 285.

> "esses grupos identificam eleitores vulneráveis e então os atingem com campanhas que exploram o medo, assustando-os sobre a segurança de suas crianças ou o crescimento da imigração ilegal"[157].

Segundo a autora, cada vez mais as máquinas examinam nossos dados por conta própria, procurando por nossos hábitos e esperanças, medos e desejos. É importante lembrar que os algoritmos são elaborados por engenheiros de computação que neles podem incluir determinados preconceitos.

Ao afirmar que empresas de tecnologia despejaram milhões de dólares em contribuições ao sistema político, a autora afirma que

> "agora estão ganhando os meios para fazer o ajuste fino de nosso comportamento político – e com ele o formato do governo – apenas trabalhando seus algoritmos"[158].

Trazendo à luz as consequências desta manipulação, ela fala da importância de regulamentar os modelos matemáticos, bem como realizar auditorias dos algoritmos.

Analisando os algoritmos, Giuliano Da Empoli afirma que

> "Se o algoritmo das redes sociais é programado para oferecer ao usuário qualquer conteúdo capaz de atraí-lo com maior frequência e por mais tempo à plataforma, o algoritmo dos engenheiros do caos os força a sustentar não importa que posição, razoável ou absurda, realista ou intergaláctica, desde que ela interprete as aspirações e os medos – principalmente os medos – dos eleitores (...). Para os novos Doutores Fantásticos da política, o jogo não consiste mais em unir as pessoas em torno de um denominador comum, mas, ao contrário, em inflamar as paixões do maior número possível de grupelhos para, em seguida, adicioná-los, mesmo à revelia. Para conquistar uma maioria, eles não vão convergir para o centro, e sim unir-se aos extremos"[159].

[157] Idem, p. 301.
[158] Idem, p. 281.
[159] Empoli, Giuliano Da. *Os Engenheiros do Caos*. São Paulo: Vestígio, 2020, p.20.

Em sua análise, Da Empoli destaca o papel exercido pelos algoritmos dos engenheiros do caos para inflamar paixões e, assim, mobilizar o maior número de grupelhos, visando uni-los aos extremos. O que se constata é que essa união se dá em torno da direita neofascista.

Assim, uma dimensão decisiva na Guerra Cultural foi o surgimento das redes sociais. A nova fase do capitalismo tem sido identificada como capitalismo de plataforma, capitalismo de vigilância. Na atual fase do capitalismo, a mineração de dados passou a ser a nova forma da acumulação capitalista.

As bigh techs identificam, na leitura das mentes dos usuários, seus pensamentos, sentimentos e o que estavam fazendo. Com esses dados, elas poderiam orientá-los à compra de determinados produtos e a determinada opção político-eleitoral.

A capacidade das plataformas de atingirem setores determinados da sociedade, com grande eficácia, deve-se ao papel dos algoritmos. Eles são uma ferramenta decisiva na Guerra Cultural. Eles são modelos e opiniões embutidos em matemática. E alguns deles incorporam preconceitos racistas, antissociais e antidemocráticos.

As empresas de tecnologia despejaram milhões de dólares em contribuições ao sistema político, ganhando os meios para fazer o ajuste fino de nosso comportamento político – e com ele o formato do governo –, apenas trabalhando seus algoritmos.

Daí a importância de regulamentar os modelos matemáticos, bem como realizar auditorias dos algoritmos.

2. Inteligência Artificial

A Inteligência Artificial (IA) é uma área de tecnologia da computação que visa desenvolver sistemas e programas computacionais capazes de resolver problemas, encontrar soluções e executar tarefas que normalmente exigem a inteligência humana. As IAs são tecnologias que podem simular, replicar e até aprimorar comportamentos humanos.

Nos anos 1990, o foco da IA começou a se deslocar para o aprendizado de máquina e as redes neurais artificiais. Essas abordagens permitiram que os computadores aprendessem com os dados e reconhecessem padrões complexos. Surgiram algoritmos, como as Redes Neurais Convolucionais (CNNs) e as Redes Neurais Recorrentes (RNNs), que revolucionaram áreas como reconhecimento de voz, processamento de linguagem natural e visão computacional.

Na última década, testemunhamos um *boom* no campo do aprendizado profundo, uma subárea do aprendizado de máquina que utiliza redes neurais profundas com muitas camadas. Isso levou a avanços significativos em áreas como reconhecimento de imagem, tradução automática e veículos autônomos. Além disso, a IA generalizada tornou-se uma realidade, com assistentes virtuais como Siri, Alexa e Google Assistente, tornando-se parte integrante de nossas vidas diárias.

As IAs seguem modelos de algoritmos inteligentes e complexos. Utilizam-se da coleta e do processamento de grandes volumes de dados para aprender, executar e resolver problemas. Cada uma delas utiliza modelos diferentes de aprendizado, como o *Deep Learning* (Aprendizado Profundo), o *Machine Learning* (Aprendizado de Máquina), as Redes Neurais Artificiais ou o Processamento de Linguagem Natural (PLN).

Diferente dos tipos anteriores que já estão sendo usados em muitos contextos das nossas vidas, máquinas que utilizam a Teoria da Mente teriam a capacidade de aprender e identificar aspectos cognitivos, entre os quais, as estruturas de pensamentos, emoções, crenças, empatia, comunicação, entre outros, que, até então, eram exclusivos aos humanos.

Nas Inteligências Artificiais, são comuns as análises de comportamento dos consumidores. Através de seu algoritmo, a máquina consegue identificar padrões de comportamento do usuário, histórico de compras e outras ações, para oferecer-lhes as melhores recomendações de produtos, serviços e soluções.

Sistemas de reconhecimento facial também utilizam Inteligência Artificial para operarem. Esse tipo de sistema utiliza algoritmos que servem para validar a identidade de uma pessoa através de suas características faciais. Esse é um sistema de segurança muito utilizado em smartphones e aparelhos, ou para fornecer acesso a prédios, estabelecimentos etc.

As mudanças no mercado de trabalho serão muito profundas daqui para frente, já que muitas tarefas, antes realizadas por pessoas, poderão ser substituídas por aplicativos e ferramentas de IA altamente sofisticadas, como o ChatGPT.

Outra mudança, que poderá ser sentida no médio prazo, está no uso dessa tecnologia para escrever textos mais elaborados, como notícias e artigos, *scripts* de filmes, relatórios de negócios e muito mais. Isso é algo que pode agilizar muito os trabalhos nessas áreas, mas que, por outro lado, também funcionam mediante análise de um grande volume de dados e identificação de padrões, o que é feito por meio de métodos diversos, como o *machine learning* e o *deep learning*. Exemplos de IA no nosso dia a dia: assistentes de voz, reconhecimento facial, algoritmo de redes sociais.

Os diferentes modelos de inteligência artificial são classificados de acordo com a sua funcionalidade e a sua capacidade.

As IA e a automação tornam processos, como a tomada de decisões e a produção, muito mais rápidos e eficazes, sendo muito úteis na otimização de nossas rotinas diárias.

Entre seus pontos negativos, estão os elevados custos de produção e implementação e a possibilidade de ocasionarem o desemprego estrutural.

Falando dos diversos caminhos da Inteligência Artificial, Kai-Fu Lee ressalta que

> "O campo das redes neurais, no entanto, adotou uma abordagem diferente. Em vez de ensinar ao computador as regras que tinham sido dominadas por um cérebro humano, esses pesquisadores tentaram reconstruir o próprio cérebro humano"[160].

[160] Lee, Kai-Fu. *Inteligência Artificial* – Como os robôs estão mudando o mundo, a forma como amamos, nos relacionamos, trabalhamos e vivemos. Rio de Janeiro: Globo, 2019, p. 20.

O avanço desse método deveu-se a mudanças em duas das principais matérias-primas das quais as redes neurais se alimentam, juntamente com o avanço técnico: poder de computação e dados.

> "As redes neurais energizadas, agora renomeadas como 'aprendizado profundo'. Seus algoritmos usam grande quantidade de um domínio específico para tomar uma decisão que otimiza um resultado desejado"[161].

Hoje, algoritmos de IA bem sucedidos precisam de três coisas: big data, poder de computação e o trabalho de engenheiros de algoritmos de IA bons, mas não necessariamente de elite. Quatro ondas da IA: IA de internet, IA de negócios, IA de percepção e IA autônoma[162].

> "Para um computador normal, uma fotografia era apenas muitos pixels sem sentido espalhados e que deveriam ser armazenados. Tudo isso mudou com o advento da IA de percepção. Os algoritmos agora podem agrupar os pixels de uma foto ou vídeo em grupos significativos e reconhecer objetos da mesma maneira que nosso cérebro (...). Isso também vale para dados de áudio. Em vez de simplesmente armazenar arquivos de áudio (...), os algoritmos agora podem escolher palavras e muitas vezes, analisar o significado de sentenças completas"[163].

O funcionamento da inteligência artificial, de maneira simplificada, acontece por meio da coleta e da combinação de um grande volume de dados seguido da identificação de determinados padrões nesse conjunto de informações. Com esse processo, que geralmente se dá mediante a utilização de algoritmos pré-programados, o *software* consegue tomar decisões e realizar tarefas de maneira autônoma.

Machine learning, chamado de aprendizado de máquina, é o processo que acontece de maneira automatizada. O

[161] Lee, Kai-Fu. *Op. cit.*, p. 23 e 27.
[162] Idem, p. 131.
[163] Idem, p. 203.

reconhecimento e a reprodução de padrões são feitos pela IA com base na sua experiência prévia, adquirida pela utilização de algoritmos. Um dos principais exemplos são os mecanismos de pesquisa na internet.

Deep learning, subcampo do *machine learning*, utiliza-se de redes neurais (unidades conectadas em rede para a análise de bancos de dados e informações) para emular o cérebro humano.

Assistentes de voz, presentes em celulares e dispositivos como caixas de som inteligentes (*smart speakers*), são um modelo de IA que reconhece e executa comandos feitos por meio da voz, como realizar ligações, programar alarmes, dar informações, tocar música e fazer pesquisas on-line. Os mais famosos assistentes de voz são o Google Assistente (integrado ao sistema Android); Siri, da Apple; e Alexa, da Amazon.

O reconhecimento facial é empregado na confirmação da identidade de uma pessoa ao acessar seus dispositivos pessoais, como smartphones, ou ainda em aplicativos financeiros, como os bancos virtuais. Mais recentemente, o reconhecimento facial tem sido aperfeiçoado para a sua adoção ampla em sistemas de segurança pública. Ele é utilizado em celulares e aplicativos, e também tem sido empregado em sistemas de segurança pública.

Redes sociais, que são os conteúdos das redes sociais que utilizamos todos os dias, como Instagram, Twitter e Facebook, não são apresentados da mesma maneira para todos os usuários. Isso porque existe um algoritmo que analisa os padrões da atividade dos indivíduos e personaliza qual tipo de postagem aparecerá para cada um, de acordo com os seus interesses. Em fase de desenvolvimento, tem como função identificar e compreender as diferentes emoções, os pensamentos e os sentimentos que ocorrem no cérebro humano, melhorando as interações estabelecidas pela IA.

Esse tipo de IA poderia desenvolver pensamentos e emoções próprias, sem o auxílio de comandos ou algum tipo de pré-programação. Ainda fica no campo da hipótese.

O aperfeiçoamento da inteligência artificial revolucionou o campo da informática e a maneira como nos relacionamos com a tecnologia. A IA trouxe uma série de benefícios para a sociedade e para os agentes econômicos.

Algumas das desvantagens da inteligência artificial caminham lado a lado com os aspectos benéficos dessa tecnologia, como é o caso da automação de tarefas:

- Apresentam elevado custo de desenvolvimento e implementação, sendo um recurso restrito.
- A automação de tarefas e da tomada de decisões tende a ocasionar desemprego estrutural.
- Possibilidade de treinar o algoritmo a repetir padrões e discursos danosos e antiéticos.
- Podem apresentar falhas de controle que implicam risco àqueles que a controlam ou que fazem uso delas, como no caso dos carros autônomos.
- Riscos de segurança com relação à coleta ao armazenamento de dados pessoais, o que suscita intensos debates na sociedade atual.

Muitos avanços foram feitos no campo da ciência da computação, da robótica e da inteligência artificial, de tal maneira que esses conceitos e elementos fazem parte do nosso cotidiano. No período mais recente, o surgimento de algoritmos capazes de interagir diretamente com os seres humanos, pelo uso da linguagem e desenvolvimento de diálogos, como o Chat GPT, e outros capazes de produzir imagens por meio de poucos comandos, provoca um intenso debate na sociedade acerca do papel da inteligência artificial e dos limites dessas ferramentas.

Papel da IA nos ataques à democracia: A extrema-direita tem usado as redes sociais para espalhar *fake news* e conseguir implantar a hegemonia de suas ideias.

A análise feita indica que a Inteligência Artificial (IA) é uma área de tecnologia da computação que visa desenvolver sistemas e programas computacionais capazes de resolver problemas, encontrar soluções e executar tarefas que normalmente exigem a inteligência humana.

As IAs são tecnologias que podem simular, replicar e até aprimorar comportamentos humanos. Seguem modelos de algoritmos inteligentes e complexos. Utilizam-se da coleta e do processamento de grandes volumes de dados para aprender, executar e resolver problemas.

Cada IA utiliza modelos diferentes de aprendizado, como o *Deep Learning* (Aprendizado Profundo), o *Machine Learning* (Aprendizado de Máquina), as Redes Neurais Artificiais ou o Processamento de Linguagem Natural (PLN).

Diferente dos tipos anteriores que já estão sendo usados em muitos contextos das nossas vidas, máquinas que utilizam a Teoria da Mente teriam a capacidade de aprender e identificar aspectos cognitivos. Entre eles, as estruturas de pensamentos, emoções, crenças, empatia, comunicação, entre outros, que até então eram exclusivas aos humanos. Exemplos de IA no nosso dia a dia: assistentes de voz, reconhecimento facial, algoritmo de redes sociais.

As IA e a automação tornam processos, como a tomada de decisões e a produção, muito mais rápidos e eficazes, sendo muito úteis na otimização de nossas rotinas diárias.

Em fase de desenvolvimento, tem como função identificar e compreender as diferentes emoções, os pensamentos e os sentimentos que ocorrem no cérebro humano, melhorando as interações estabelecidas pela IA.

Hoje, algoritmos de IA bem-sucedidos precisam de três elementos: big data, poder de computação e o trabalho de engenheiros de algoritmos de IA bons, mas não necessariamente de elite.

Papel da IA nos ataques à democracia: A extrema-direita tem usado as redes sociais para espalhar *fake news* e conseguir implantar a hegemonia de suas ideias.

3. *Fake News* e *Lawfare*

"Embora não exista a verdade absoluta, a busca da verdade insiste na ciência, na filosofia, no direito, nas artes e, certamente, na democracia e no respeito à verdade factual. As fake News deterioram muitas áreas da atuação humana, mas é no campo da política que suas consequências são mais danosas e perversas".

(Lúcia Santaela)

"Uma mentira contada mil vezes,
torna-se verdade.
Temos que fazer o povo crer que a fome, a sede,
a escassez e as enfermidades são culpa de nossos
opositores e fazer que nossos simpatizantes
repitam isso a todo momento".

(Joseph Goebbels)

Uma poderosa arma na Guerra Cultural da extrema-direita são as mentiras, as chamadas *fake news*. As *fake news* são manipulações dos fatos, da verdade. Elas se utilizam não da racionalidade, mas da emoção – do ódio, medo e raiva – e de crenças morais e religiosas. E deixam de lado a ciência e a racionalidade.

No livro AS ORIGENS DO TOTALISTARISMO, Hannah Arendt comenta que

> "Hitler fez circular milhões de cópias do seu livro em que dizia abertamente, que para ser bem-sucedida, a mentira deve

> ser enorme, ou seja, que ela não deve se contentar em negar fatos isolados (...), os fatos isolados mentirosos, em um nexo coerente e convincente em si, apontam um mundo fictício no lugar do mundo real"[164].

Trata-se da apologia da mentira, defendida cinicamente por Hitler, hoje utilizada pela extrema-direita através das redes sociais, utilizando as *fake news*.

Abordando a questão das *fake news*, Giuliano Da Empoli enfatiza que

> "as redes sociais, a nova propaganda sobretudo de emoções negativas, pois são essas que garantem a maior participação, daí o sucesso das *fake news* e das teorias da conspiração"[165].

Um recente estudo do Instituto de Tecnologia de Massachusetts (MIT) demonstrou que uma falsa informação tem, em média, setenta por cento a mais de probabilidade de ser compartilhada na internet, pois ela é geralmente mais original que uma notícia verdadeira[166].

Essa pesquisa comprova a eficácia das *fake news*, pois a falsa informação, carregada de emotividade, de exacerbação do medo, da raiva, termina sendo mais eficaz do que a verdade.

> "Os engenheiros do caos compreenderam, portanto antes dos outros que a raiva era uma forma de energia colossal, e que era possível explorá-la para realizar qualquer objetivo, a partir do momento em que se decifrassem os códigos e se dominasse a tecnologia"[167].

O autor identifica que, nas campanhas eleitorais, os objetivos são mobilizar seus adeptos e desmobilizar os do adversário. E tal objetivo é alcançado com a divulgação das *fake news*, com grande

---

[164] Hitler, A. *Mein Kampf* (*Minha Vida*). Munique, 1943.
[165] Empoli, Giuliano Da. *Os Engenheiros do Caos*. São Paulo: Vestígio, 2020, p. 21.
[166] Empoli, Giuliano Da. *Op. cit.*, p. 78.
[167] Idem, p. 85.

eficácia e rapidez e com o alcance de milhões de pessoas, selecionadas cientificamente através dos algoritmos.

No livro *PÓS-VERDADE – a nova guerra contra os fatos em tempo de fake News*, o autor Matthew D'Ancona, falando sobre a verdade, destaca que a questão é mais profunda. Está relacionada ao conhecimento, sua natureza e sua transmissão. Ele investiga o valor declinante da verdade e a difusão contagiosa do relativismo pernicioso disfarçado de ceticismo legítimo[168].

Com o ataque à verdade dos fatos, abre-se o caminho para a negação da história. Abre-se o caminho para ideias há muito ultrapassadas, como a defesa de que a terra é plana. Vivemos um processo de retrocesso às ideias medievais!

Falando sobre a nova fase de combate político e intelectual, o escritor destaca que

> "a racionalidade está ameaçada pela emoção; a diversidade, pelo nativismo; a liberdade por um movimento rumo à autocracia (...), a ciência é tratada com suspeição e, às vezes, franco desprezo".

E informa que o Oxford Dictionaries define a pós-verdade como

> "circunstâncias em que os fatos objetivos são menos influentes em formar a opinião pública do que os apelos à emoção e à crença pessoal".

E mais: que Trump dizia que o que importa não é a veracidade dos fatos, mas o impacto[169].

É significativo ter presente que, na luta política e ideológica, torna-se indispensável combinar a razão com o sentimento para transmitir as ideias democráticas e progressistas.

A extrema-direita usa a emoção para estimular o ódio e a violência. Os setores progressistas devem usar a emoção para

---

[168] D'Ancona, Matthew. *Pós-verdade* – a nova guerra contra os fatos em tempos de fake News. Barueri (SP): Faro, 2008, p. 14.

[169] Idem, p. 19 e 20.

despertar a solidariedade, a busca da justiça e a atitude de se ater aos fatos para construir um pensamento próprio, ou seja, caminhar no sentido da racionalidade.

D'Ancona acentua, ainda, que as campanhas de desinformação prepararam o terreno para a era da pós-verdade e ressalta que

> "a intensidade do drama, em vez da exatidão, é o que importa. Para os telespectadores, a realidade e o entretenimento se tornaram coextensivos. Essa é a caraterística que define o mundo da pós-verdade"[170].

Falando da pré-disposição para aceitar fatos sem comprovação, o autor destaca que a mais profunda dessas pré-disposições é a crença religiosa. Assim, quando a religião entra em conflito com a ciência, frequentemente a fé prevalece[171].

Daí o papel nefasto da extrema-direita religiosa.

Um exemplo de *fake news* que teve importante impacto nas eleições de 2018, e que foi utilizado na campanha de 2022 é a chamada "mamadeira de piroca". Trata-se de uma mensagem totalmente falsa denunciada pelo MEC e pelo PT, na campanha eleitoral de 2018, que teve grande impacto especialmente entre os evangélicos e voltou a circular nas eleições de 2022. Essa mensagem mentirosa procura atingir o sentimento das famílias preocupadas com a educação de seus filhos.

O vídeo criminoso dizia:

> "Olha aqui ó, vocês que votam no PT. Essa aqui é a mamadeira distribuída na creche", diz o homem, no vídeo. "Distribuída na creche para seu filho, com a desculpa de combater a homofobia. Olha o bico como é, ó. Tá vendo? O PT e o Haddad pregam isso para o seu filho (...) Isso faz parte do 'kit gay'. Invenção de Haddad"[172].

---

[170] Idem, p. 57.
[171] Idem, p. 65.
[172] G1, 28 de outubro de 2021.

Tais mentiras visam orientar os crentes, sobretudo as camadas mais pobres, a votarem em candidatos da extrema-direita, contra seus próprios interesses.

Diz ainda o escritor:

> "Essas prioridades da pós-verdade orientaram a ascensão do 'negacionismo científico': a crescente convicção de que os cientistas, em comum acordo com o governo e as corporações farmacêuticas (Big Pharma) estão em guerra contra a natureza e os melhores interesses da humanidade"[173].

Sobre o negacionismo científico, o autor cita a prolongada campanha contra a vacinação.

E, sobre o negacionismo dos fatos históricos, ele cita a negação do holocausto, falando de seu revigoramento, sobretudo on-line[174].

Sobre a erosão da verdade, o autor destaca que o pós-modernismo é notoriamente resistente à definição exata, ressaltando que muitos pensadores, ao questionarem a própria noção de realidade objetiva, desgastaram muito a noção de verdade[175].

D'Ancona cita o livro do filósofo francês Jean-François Lyotard, *A condição pós-moderna,* em que ele propôs "uma incredulidade em relação às metanarrativas" – "as grandes narrativas" que sustentaram a filosofia desde o iluminismo – e a própria ideia de "valor verdade"[176].

A negação das metanarrativas relaciona-se com a negação da possibilidade do socialismo. Lyotard critica o iluminismo e o marxismo ao questionar as metanarrativas, que implicam uma visão totalizante da história, defendendo uma visão fragmentada.

A crítica ao socialismo ganhou força com a crise do socialismo e a Queda do Muro de Berlim em 1989, abrindo espaço para a afirmação de Francis Fukuyama sobre um falso Fim

---

[173] D'Ancona, Matthew. *Op. cit.*, p. 68.

[174] Idem, p. 73.

[175] Idem, p. 84.

[176] Idem, p. 87.

da História. Ou seja, o capitalismo tendo se tornado vitorioso, colocava fim à possibilidade do socialismo. Tal realidade, reforçada pelas concepções acima mencionadas, contribuiu para colocar as forças de esquerda numa defensiva política e ideológica.

Todavia, a crise do capitalismo e a evolução dos acontecimentos mostraram que o socialismo volta a se expressar sob novas formas. Comentários sobre o socialismo renovado serão feitos mais adiante.

No livro TUDO POR UM TRIZ, Lucia Santaela, analisando a questão da pós-verdade, afirma que

> "O universo da comunicação digital em rede, aplaudido em seus inícios nos anos 1990, passou a revelar, duas décadas depois, a sua verdadeira face, ou seja, a sua face *fake*. Nesse contexto, pós-verdade significa que, especialmente no campo da política, mesmo que a verdade exista, ela não mais importa"[177].

E defende que nossa luta deve começar pela defesa da verdade, embora reconhecendo que não exista a verdade absoluta. E ressalta a importância da busca da verdade na ciência, na filosofia, no direito, nas artes e, certamente, na democracia e no respeito à verdade factual. As *fake news* deterioram muitas áreas da atuação humana, mas é no campo da política que suas consequências são mais danosas e perversas[178].

A afirmação da professora Santaela de que a verdadeira face da pós-verdade são as *fakes news* é uma conclusão atual e de grande importância, pois elas incidem sobre o processo político, causando grandes danos à democracia. A defesa da verdade, dos fatos, torna-se um objetivo de grande importância.

No livro *A CONDIÇÃO POLITÍCA NA PÓS-MODERNIDADE – a questão da democracia*, a professora Madalena Guasco Peixoto afirma que

---

[177] Santaela, Lucia. *Tudo por um triz*. Vol. 1. Curitiba: Kotter, 2023, p. 133.

[178] Idem, p. 134.

> "O elemento mais destacado (...) que patenteia o desgaste da modernidade, diz respeito à derrocada da ideia de totalidade (...), que viam na ciência e na razão assim como em projetos coletivos a possibilidade de alcançar a liberdade e a igualdade social"[179].

Segundo Lyotard,

> "O período após a Guerra trouxe como consequência a renovação do espírito da livre iniciativa capitalista, fez cair por terra e em descrédito a alternativa comunista de superação do capitalismo e movimentou-se incessantemente no desenvolvimento das técnicas e das tecnologias. Este é o ambiente da perda terminal das grandes narrativas"[180].

A professora Madalena destaca uma questão-chave, ao localizar a "derrocada da ideia de totalidade" referindo-se ao iluminismo e ao marxismo. A autora desvela, também, a posição de Lyotard na defesa do capitalismo, ao falar da "renovação do espírito da livre iniciativa" e, ao mesmo tempo, destacar o "descrédito da alternativa comunista de superação do capitalismo".

Já Boaventura Souza Santos pontua que

> "A constituição plena de uma pós-modernidade exige que o capitalismo seja superado, e em seu lugar se coloque o socialismo, definido pelo autor como uma sociedade que amplia, em todos os níveis, a democracia. Nesse sentido transitório, a pós-modernidade engendra tanto concepções avançadas como atrasadas, que proclamam o fim da história e a impossibilidade de emancipação social"[181].

Na verdade, as ideias que defendem a perenidade do capitalismo não têm nenhum fundamento científico. A análise histórica

---

179 Peixoto, Madalena Guasco. *A Condição Política na Pós-Modernidade* – a questão da democracia. São Paulo: EDUC, 1988, p. 14.

180 Idem, p. 30.

181 Idem, p. 193.

demonstra que as sociedades nascem, desenvolvem-se e são superadas por outro tipo de sociedade.

Esta nova realidade impõe a necessidade de uma atenção especial à luta ideológica democrática para atingir as grandes massas, combatendo a Guerra Cultural da direita neofascista.

Para melhor compreender o crescimento da extrema-direita no mundo e no Brasil, é importante analisar seu processo de formação a partir das ideias neoliberais na economia.

Outro elemento importante na Guerra Cultural é o *lawfare*. Conforme Carol Proner,

> "O lawfare tal qual vem sendo estudado contemporaneamente não pode ser alocado na mesma categoria de disputa instrumental ou de hegemonia pelo direito. Da forma como vem sendo justificado pelos estrategistas militares, trata-se, antes de tudo, da assunção do antijurídico como recurso valido. Trata-se de admitir uma racionalidade pragmática e cínica para afirmar que até mesmo a distorção do sentido das normas e dos princípios é artifício válido em uma guerra jurídica"[182].

E a autora destaca que o papel do *lawfare é* descrito pelo general americano Charles Dunlap (2001) como um método de guerra não convencional pelo qual a lei é usada como meio para atingir um objetivo militar.

> "O sucesso do mecanismo é evidente porque utiliza a legitimidade da lei e dos atores do sistema de justiça (a lei, a jurisprudência, a legitimidade de juízes, promotores, policiais como detentores de violência legítima) para prosseguir com a perseguição política do inimigo por meios judiciais (...). O que é realçado nesse tipo de método não convencional é o objetivo final da guerra indireta: a desestabilização política, um golpe, a mudança de um regime político. As vantagens desse tipo de guerra em relação aos métodos tradicionais são evidentes, tanto em custos humanos quanto financeiros"[183].

182 Proner, Carol. Operação Lava Jato e relações externas. In: Arantes, Aldo (org.). *Reconstruir a Democracia* – união de amplas forças políticas e sociais para a luta ideológica. São Paulo: Anita Garibaldi/ Fundação Maurício Grabois, 2021, p. 141.

183 Proner, Carol. *Op. cit.*, p. 143.

Carol Proner vai descortinando o *lawfare* como método de guerra não convencional com o uso do direito como arma para desestabilizar governos visando à derrubada de governos contrários aos interesses dos Estados Unidos.

A articulista revela que a falsa luta contra a corrupção é um valioso elemento nessa guerra:

> "A corrupção, por seu forte apelo, se encaixa perfeitamente na estratégia de atrair o clamor popular. O combate à 'corrupção sistêmica transnacional' passa a ser um elemento central do *lawfare*, uma espécie de discurso unificador para incidir na opinião pública, ao mesmo tempo que propicia o acionamento de mecanismos de cooperação transnacional, envolvendo ingerência externa. Não é de estranhar, portanto, que a corrupção venha sendo tratada, por especialistas de *think tanks*, certas ONGs e meios de comunicação, como um câncer do século XXI, a corroer os alicerces da democracia"[184].

No âmbito da estratégia militar dos Estados Unidos, a corrupção vem sendo considerada uma das principais ameaças à segurança nacional. Já em 2010 o Pentágono assumiu a desestabilização política e o apoio de forças internas como estratégias a serem exploradas.

Em dezembro de 2017, já no governo Donald Trump, o documento que definiu a nova Estratégia de Segurança Nacional dos EUA assumiu claramente o combate à corrupção como forma de desestabilizar governos dos países que sejam "competidores" ou "inimigos" dos Estados Unidos.

O texto mostra como a questão da corrupção faz parte dos princípios da segurança norte-americana. E destaca que,

> "no caso do Brasil, a Operação Lava Jato, a maior operação contra a corrupção do país, iniciou publicamente em 2015. Trata-se de exemplo da nefasta desestabilização que pode ser provocada com o protagonismo do sistema de justiça. A

[184] Idem, p. 146.

> flexibilização de regras do processo penal e a ampliação de competências de magistrados e procuradores do Ministério Público conformaram o cenário favorável para a crise que comprometeu até mesmo a regularidade do processo eleitoral de 2018"[185].

A estratégia norte-americana de utilização da falsa luta contra a corrupção vem a confirmar a utilização desse fator na derrubada de governos.

Os vazamentos da agência *The Intercept Brasil*, ao longo de 2019 e 2020, dão conta de uma relação de conluio ilegal entre Dallagnol e a força-tarefa da Lava Jato com o ex-juiz Moro visando à condenação do ex-presidente Lula e forçando uma relação de corrupção sistêmica com a Petrobras e outras empresas. O mais impressionante, no entanto, conforme revelam os últimos vazamentos, foi a colaboração ilegal dos integrantes do MPF de Curitiba com agentes do FBI e do Departamento de Justiça durante 2015 e 2016, à revelia do Ministério da Justiça e em franca violação de tratados internacionais[186].

As revelações do *The Intercept Bra*sil trouxeram à luz um conluio ilegal e criminoso entre o MPF de Curitiba, agentes do FBI e do Departamento de Justiça em expresso ataque à soberania do país. Verdadeiro ato de traição nacional!

As mentiras, sob sua forma atual, as *fake news*, exercem um papel de grande relevância na Guerra Cultural promovida pela extrema-direita, pois elas incidem sobre o processo político, causando grandes danos à democracia.

As *fake news* são manipulações dos fatos, utilizando-se da emoção – ódio, medo e raiva – e de crenças morais e religiosas. Deixam de lado a ciência e a racionalidade.

Nessas condições, a defesa da verdade, dos fatos, torna-se um objetivo de grande importância no enfretamento político e ideológico.

A pós-modernidade, além de questionar a verdade, nega a possibilidade das metanarrativas, ou seja, de projetos de

---

185 Idem, p. 147.

186 Idem, p. 160.

transformação social. Com isso procura negar a possibilidade do socialismo.

Na verdade, as ideias que defendem a perenidade do capitalismo não têm nenhum fundamento científico.

O *lawfare* é uma arma da Guerra Cultural. É a utilização do direito como arma política visando a desmoralização e condenação de adversários.

A utilização do combate à corrupção está dentro da estratégia militar dos Estados Unidos. No caso do Brasil, a Lava Jato, maior operação contra a corrupção do país, teve como objetivo fundamental desmoralizar o então ex-presidente Lula, prendê-lo e impedir sua candidatura.

Enfrentar o *lawfare* é travar uma "contraguerra" cultural que, no âmbito tático, há de implicar uma organização em prol de ampliar o acesso à cultura, às ciências e às artes, como meios de promover também o pensamento crítico e uma conscientização que possibilite ao cidadão comum não ser manipulado por notícias falsas.

4. Papel da Psicologia Social e da Neurociência na Guerra Cultural

A Guerra Cultural da direita neofascista conta com enormes recursos para travar a luta ideológica a favor do mercado e das ideias negacionistas. Conta, também, com especialistas em diversas áreas do conhecimento, entre as quais destacam-se a psicologia social e a neurociência.

Texto publicado no livro *Reconstruir a Democracia* revela que

> "O direcionamento de conteúdos realizado por essas plataformas utiliza os dados pessoais para construir os perfis individuais (modelos matemáticos) dos usuários. Porém, há uma gravidade sem precedentes nesse contexto: os algoritmos desenvolvidos com base em conhecimento científico corrente em neurociência e psicologia humana estão permitindo a

> sistemas computacionais complexos de *machine learning* operarem praticamente sem supervisão humana para manipular as psiques dos indivíduos"[187].

Nessas afirmações fica evidente o papel da neurociência e da psicologia social na formatação dos algoritmos para lhes assegurar a maior eficiência.

Uma questão importante na Guerra Cultural é a falsificação de consensos. Sobre isso os psicólogos e psicólogas, autores do texto, destacam que

> "A falsificação de consensos não é novidade para ninguém, nem mesmo antes da criação dos meios de comunicação de massa. Mas os processos de comunicação que visam a produzir falsificação passaram a novo patamar na vida social. Tais processos de comunicação ganham evidência especialmente neste momento, em virtude da abrangência e penetrância das novas tecnologias computacionais. Essas tecnologias incluem um alto nível de sofisticação e são utilizadas em um ambiente de dificuldade generalizada para o reconhecimento de suas características e seus impactos. Elas são potentes, penetrantes e eficientes"[188].

E ressalta que:

> "Tanto a manipulação de subjetividades quanto a falsificação de consensos não são novidade para nós. Quem conviveu por décadas com os ataques da Rede Globo à noção do que seja jornalismo tem facilidade de reconhecer manipulação e falsificação de consensos. A questão é que essas coisas eram realizadas antes pela chamada grande imprensa, com visibilidade

---

[187] Mielli, Renata; Loguércio, Leandro L. As plataformas de redes sociais. In: Arantes, Aldo (org.). *Reconstruir a Democracia* – união de amplas forças políticas e sociais para a luta ideológica. São Paulo: Anita Garibaldi/ Fundação Maurício Grabois, 2021, p. 91.

[188] Ferreira, Marcus; Maldos, Paulo; Bock, Ana; Gonçalves Filho, José Moura. *Para chegar a ser humano*: conhecer e reconhecer os sujeitos brasileiros. In: Arantes, Aldo (org.). *Reconstruir a Democracia* – união de amplas forças políticas e sociais para a luta ideológica. São Paulo: Anita Garibaldi/ Fundação Maurício Grabois, 2021, p. 72.

no espaço público e com o que estávamos acostumados a lidar. Agora podem ser realizadas com a ajuda de processos baseados em inteligência artificial, de modo silencioso e invisível para a maioria de nós, com todo o fetiche estabelecido em relação aos aparatos tecnológicos e as possibilidades de interação entre eles"[189].

A manipulação da subjetividade para criar falsos consensos é realizada com a participação de psicólogos sociais. Todavia há psicólogos sociais que denunciam tais processos.

A neurociência também exerce expressivo papel nesse processo, como analisa o neurocientista Sidarta Ribeiro, ao explicar que

> "As repercussões psicológicas do controle telemático de mentes, previsto por George Orwell, Aldous Huxley e William Gibson no século XX, são a arena mesma do embate político do século XXI. Nesse contexto, é útil compreender que os mecanismos biológicos desse processo são filogeneticamente muito antigos e, portanto, dotados de poderosa inércia comportamental. Vai ser difícil para o gado digital escapar do rumo atual. Um desses mecanismos fundamentais é a rede de neurônios que liberam ou recebem o neurotransmissor dopamina, uma pequena molécula que sinaliza no cérebro, a cada instante, a obtenção de estímulos positivos ('recompensas') ou negativos ('punições'"). A imensa diversidade de estímulos possíveis contrasta com a utilização do mesmo neurotransmissor para efetuar os processos neurais que levam uma pessoa a buscar determinado estímulo, ou se afastar dele. A dopamina desempenha um papel central nas diferentes dependências a que as pessoas estão sujeitas, como a adição a substâncias, jogos de azar, jogos de computador, sexo e sobretudo dinheiro"[190].

O controle das mentes é exercido por estímulos, positivos ou negativos, realizados através dos neurônios que liberam a dopamina.

---

[189] Idem, p.73.

[190] Ribeiro, Sidarta. Guerra Cultural e Neurociências. In: Arantes, Aldo (org.). *Reconstruir a Democracia* – união de amplas forças políticas e sociais para a luta ideológica. São Paulo: Anita Garibaldi/ Fundação Maurício Grabois, 2021, p. 65.

O autor alerta para a dependência das telas que atingem os mais diferentes segmentos sociais e ressalta que

> "Um dos maiores riscos que a humanidade corre atualmente é a estimulação incessante, crescente e sem freios a que estamos submetidos (...), os cérebros de todos nós, e principalmente dos mais jovens, são cada vez mais dependentes de doses repetidas de dopamina e noradrenalina (...). A motivação para realizar coisas reais e concretas no mundo, como por exemplo a luta pela modificação da organização social, decai à medida que aumenta o acoplamento do sistema dopaminérgico das recompensas e punições virtuais produzidas por grandes corporações, com o objetivo explícito de recrutar consumidores dóceis e influenciáveis"[191].

Os riscos da dependência das redes sociais, sobretudo dos mais jovens, é um grave problema, pois gera uma desmotivação de fazer coisas concretas como a "modificação da organização social".

E o papel da neurociência na luta ideológica é esclarecido da seguinte forma:

> "A guerra cultural atualmente em curso tem engajado neurocientistas em ambos os lados do front. No campo hegemônico do capitalismo, neurocientistas têm participado ativamente da construção de *hardware* e *software* necessários à implementação de diversos aspectos da guerra, desde a customização de ferramentas computacionais baseada em dados neurais (Google Brain Team) até a produção de robôs de combate equipados com sistemas sensoriais e motores diretamente inspirados no cérebro, financiados pela Defense Advanced Research Projects Agency (DARPA) do Departamento de Defesa dos Estados Unidos responsável pelo desenvolvimento de tecnologias emergentes para uso militar. Neurocientistas têm participado da construção de métodos para manipulação em massa de consumidores com base em informações subliminares capazes de estimular o cérebro, sem atingir o limiar e consciência ('*neuromarketing*')".

[191] Idem, p. 86.

Felizmente, entretanto, neurocientistas também atuam com vigor no front contra-hegemônico. Cabe destaque ao trabalho do neurocientista afro-americano Carl Hart, que vem demonstrando que "o conceito de dependência de drogas é indissociável da carência de vínculos afetivos e da condição de pobreza extrema"[192].

Neurocientistas de renome, como Nora Volkow, também têm participado ativamente da fundamentação teórica para a manutenção da guerra às drogas, que desempenha um papel central na manutenção da opressão de classe e raça em todo o mundo.

[192] Idem, p. 87.

Capítulo VI

Conclusão da análise sobre a guerra cultural

Como fundamento teórico para a análise sobre a Guerra Cultural promovida pela extrema-direita tomei por base o pensamento de Gramsci.

A partir dos conceitos sobre o Estado ampliado, bloco histórico e hegemonia, Gramsci formulou a importância da luta de ideias para a conquista da hegemonia, mostrando que essa dimensão da luta já era fundamental na fase do capitalismo em que ele viveu.

Na teoria marxista sobre o Estado, desenvolvida por Lênin, o aspecto principal da dominação de classe era exercido pela coerção. O conceito ampliado de Estado dá ênfase à coesão, fruto das novas condições com o surgimento de novos mecanismos privados de dominação ideológica.

Em Gramsci, o Estado, em sentido estrito, ou Estado-coerção, é formado pela burocracia e pelo aparato legal e repressivo. E a sociedade civil, encarregada da difusão ideológica, composta pelo sistema escolar, igrejas, partidos políticos, organizações profissionais e a organização material da cultura: jornais, revistas, editoras, meios de comunicação de massa.

Para Gramsci, portanto, o Estado é sociedade política mais sociedade civil, ou seja, a hegemonia revestida de coerção.

Tais concepções foram atualizadas por Raymond Williams que formulou o conceito de estrutura de sentimento (*structure of feeling*), captando as manifestações dos sentimentos, incidindo fortemente nas redes sociais, sobretudo junto à juventude.

Williams desenvolve o conceito de marxismo cultural definido como "a abordagem histórica renovada dos fenômenos da cultura".

A elaboração de Williams sobre a estrutura de sentimento é um desenvolvimento da concepção de Gramsci sobre a hegemonia. Nesse conceito está contido um elemento decisivo na luta ideológica dos dias atuais: o sentimento expresso através do ódio, da violência, do medo e da fé. Williams mostra que a estrutura de sentimentos se expressa principalmente junto à juventude.

Tal fundamentação teórica ajuda a explicar como a extrema-direita conquistou a hegemonia político-ideológica em vários países do mundo, com destaque junto à juventude.

A subestimação dessa dimensão da luta, pela esquerda brasileira, facilitou o crescimento e a vitória eleitoral da direita neofascista. E explica a continuidade da força do bolsonarismo mesmo após tudo que o ex-presidente fez.

A construção da hegemonia das classes dominantes inicia-se na economia, com a defesa do mercado, da propriedade privada, da completa liberdade do capital, da crítica à participação do Estado na economia e às políticas sociais e a separação da economia da política.

Assim, um dos aspectos decisivos na luta ideológica dos setores conservadores tem seu fundamento na visão econômica neoliberal. Por isso, a análise da crise do capitalismo tem grande relevância para se entender o caminho adotado pela luta ideológica da extrema-direita.

Constata-se que, em meados 1970, a ordem econômica do pós-guerra entrou em estagnação e os economistas neoliberais entraram na ofensiva defendendo o livre mercado contra "ideologias coletivistas comunistas e totalitárias".

A política neoliberal, sistematizada no Consenso de Washington, passou a ser imposta aos países da América Latina, pelo Fundo Monetário Internacional, através das Reformas Estruturais e das Cartas de Intenções levando a sérias consequências econômicas e sociais.

A crise capitalismo de 2008 impôs a necessidade de adoção de novas medidas para assegurar a rentabilidade do capital. O capitalismo encontrou na economia de plataforma, na obtenção de dados, a nova forma de acumulação capitalista.

As tecnologias inovadoras surgem para assegurar novas formas de acumulação do capital, mas também para consolidar a ideologia dominante. A ação planejada executada pelos donos do capital, para vincar o ideário neoliberal, teve grande êxito, atingindo inclusive setores de esquerda.

Essa realidade foi facilitada pela desregulamentação dos mercados financeiros, que permitiram a entrada e saída dos mercados nacionais sem constrangimentos.

É importante destacar que esta é a realidade do desenvolvimento dos países capitalistas do Ocidente. Cabe pontuar que o mundo passa por uma reconfiguração que está alterando a geopolítica mundial com o crescimento vertiginoso da China e de outros países da Ásia.

Uma característica básica da política neoliberal é o aumento constante da desigualdade de rendimento e patrimônio, resultado da lógica da falta de controle do Estado sobre o capital, assegurando lucros exorbitantes, fruto da brutal concentração de renda.

O combate que o neoliberalismo faz ao papel do Estado na economia e nos problemas sociais visa assegurar a "liberdade" para obter lucros máximos e garantir a privatização dos serviços sociais. A consequência desse processo é a enorme concentração de renda e a degradação da situação de vida do povo. A concentração de renda, nos tempos atuais, está colocando em risco a democracia liberal, abrindo espaço para tendências neofascistas. A história mostra que a crise social é o prelúdio do fascismo.

Todavia, a crise da hegemonia liberal também poderia desaguar na esquerda, na transformação progressista, como, por exemplo, nos entreguerras. Entretanto, no atual contexto, a ascensão da extrema-direita e do seu lado fascista explica-se tanto pela crise da hegemonia liberal, quanto pela derrota estratégica da esquerda mundial, desde a queda da União Soviética e no Brasil desde o golpe contra Dilma Rousseff.

A captura do sistema político pelo sistema econômico termina por facilitar a imposição das políticas neoliberais. Todavia a existência de Constituições sociais, como a Constituição brasileira de 1988, cria dificuldades para a adoção dessas medidas. No entanto, uma corrente favorável ao mercado, no Supremo Tribunal Federal, tem adotado decisões que vão contra a justiça do trabalho e confrontam-se com a Constituição de 1988. Para concretizar as políticas neoliberais, tal corrente necessita impor o autoritarismo e mesmo o fascismo.

No estudo realizado, ficaram evidentes as diversas políticas adotadas pelas classes dominantes em relação aos trabalhadores e suas reivindicações no curso da história. Durante a Primeira Guerra Mundial, os governos britânico e italiano empregaram o bem-estar social como poderosa estratégia de coesão política. O mesmo ocorreu durante a Segunda Guerra Mundial.

Passado o período das guerras, era desenvolvida uma política de ajuste econômico, cuja essência era a quebra dos direitos obtidos no período anterior. Para isso usavam da coerção e do convencimento (coesão).

A austeridade consistia em um processo duplo, ao mesmo tempo material e ideológico. Ou melhor, consistia em uma estratégia dupla: coerção e consenso.

Ficou transparente a influência ideológica dos economistas neoliberais ao moldarem a ideia de que as hierarquias sociais são fruto dos méritos individuais e não de consequências sociais.

No Brasil, o neoliberalismo encontrou barreiras para se implantar, sobretudo com a existência de governos que defendiam um modelo econômico diverso. E a Constituição social de 1988 representava outra barreira. Daí o golpe contra a presidenta Dilma e a posterior eleição do ex-presidente neoliberal.

No Brasil houve um grande crescimento das forças de extrema-direita nos últimos anos. Esse crescimento tem relação com o mesmo fenômeno a nível mundial e relaciona-se com a crise do capitalismo e da democracia liberal. E elas ganharam força diante das dificuldades econômicas do governo Dilma e consolidaram-se com a vitória do governo neofascista de Bolsonaro.

O neoliberalismo, em sua fase atual, necessita impor regimes autoritários como condição de viabilizar os radicais cortes de direitos. Para isso rompe com os limites do poder, próprios de um regime democrático, adotando medidas de exceção para viabilizar seu projeto.

Alguns autores chamam essa fase atual do neoliberalismo de ultraliberalismo, porque antes o neoliberalismo convivia com a democracia liberal, o que hoje se tornou impossível.

O inimigo interno faz parte da Guerra Cultural e é parte integrante da estratégia norte-americana. Na condição de inimigo, o neoliberalismo, nos dias atuais, coloca o Estado e a política, por avaliar que eles inibem o livre exercício do mercado. Isso explica a feroz campanha de demonização do Estado Democrático, da política, dos partidos políticos e dos políticos. Tal campanha é, na realidade, a negação da própria democracia, pois não existe democracia sem política, sem a participação da sociedade, sem o contraditório.

Nos países latino-americanos, erigiu-se a "guerra à corrupção" como o inimigo a ser combatido, sem abandonar a luta contra o comunismo.

O falso combate à corrupção, na América Latina, passou a ser o biombo atrás do qual está seu verdadeiro objetivo: debilitar e derrubar governos progressistas. No caso do Brasil, a Lava Jato e o juiz Sérgio Mouro foram os instrumentos dessa manobra.

Assim, para atingir os objetivos de impor a lógica do mercado, foi adotada a doutrina do Direito Penal do inimigo. Para este, não se exige provas, mas convicção. O direito passa a ser manipulado a serviço do objetivo político. O juiz deixa de ser um julgador imparcial para se transformar num agente político, cuja meta é liquidar com os inimigos.

A condenação do ex-presidente Lula se insere nessa lógica. Sobre a aplicação do direito penal do inimigo, o objetivo era prender o ex-presidente Lula, impedir sua candidatura e criminalizar empresas brasileiras como a Petrobras.

A análise da Guerra Cultural exige conhecer as origens do pensamento conservador e de extrema-direita mais recente, pelo impacto que ele exerce na luta ideológica do Brasil. Ele tem suas bases, sobretudo, nos Estados Unidos. O moderno conservadorismo americano constituiu-se na década de 1950 com dois objetivos primordiais: combater a ameaça representada pelo comunismo internacional e subverter a dominância exercida pelo liberalismo do *New Deal*.

A denúncia da "experimentação social radical" dos liberais é expressa numa declaração publicada logo no primeiro número da revista *National Review*, intitulada *Credo*. Nela, estão sistematizadas as ideias básicas da direita: a defesa da propriedade e o combate ao Estado, às políticas sociais, à social-democracia, ao socialismo e ao comunismo.

Sob o título *The meaning of McCarthyism* (O significado do macarthismo), são indicadas algumas "verdades" que teriam vindo à tona com o macarthismo: o liberalismo contemporâneo estaria em concordância com o comunismo no ponto mais essencial – a necessidade e desejabilidade do socialismo e que não há nenhuma diferença irreconciliável entre ele e o comunismo.

O reacionarismo da direita neofascista envolve na condição de comunistas, não só os comunistas, como também os socialistas, sociais-democratas, cristãos de esquerda, enfim todos aqueles que combatem as mazelas do capitalismo e defendem os direitos sociais e a democracia.

O combate às ideias progressistas vem de longe. A Sociedade Mont Pèlerin, fundada em 1947 na Suíça, pregava a promoção do liberalismo. A ideia liberal na economia, e conservadora nos costumes, foi criando corpo a partir dali.

Hayek defendia que a sociedade só vai mudar com uma transformação de ideias, atingindo primeiro os intelectuais, professores e escritores e a influência deles na sociedade vai prevalecer e influenciar os políticos.

A formação das Think Tanks foi de grande importância para o desenvolvimento das ideias de direita e extrema-direita. Em 1955 foi criada a primeira – 1º Public Opinion Think Tank (POTT) –, cuja sua missão essencial era a difusão de ideias sobre o papel do mercado. E outras articulavam a religião na defesa do mercado e das ideias da extrema-direita.

Esse foi o caminho adotado no Brasil por Olavo de Carvalho e seus seguidores: A propaganda das ideias neoliberais.

Os parceiros da Atlas Network no Brasil passaram anos preparando as bases para que as ideias de liberdade estivessem presentes.

A Atlas Network – Rebranding Liberty (Reformulação da Liberdade) defende que as pessoas merecem o novo tipo de liberdade (...), narrativa emocionalmente envolvente (...), uma que seja pró-mercado, voltada para os jovens.

Esse estudo mostra como a criação dos Think Tanks foi fundamental para o desenvolvimento e difusão das ideias da extrema-direita, seguindo a diretriz de Hayek: ganhar primeiro a intelectualidade para depois ganhar os políticos. O êxito desse processo passou por polpudos investimentos dos empresários neoliberais.

No Brasil um dos fantasmas da extrema-direita é o Fórum de São Paulo que seria um instrumento de difusão do socialismo e do comunismo.

O combate ao papel do Estado na economia é central para o neoliberalismo. Daí a demonização do Estado.

No Brasil essa demonização é realizada com a identificação entre Estado e corrupção. Comentando essa questão, Jessé Souza questiona: por que só no Estado teríamos corrupção, se para essa teoria (vira-lata) todo povo é corrupto e inferior? E explica que isso ocorre porque o Estado pode ser influenciado pelos pobres e negros excluídos e abandonados.

Milton Friedman, em seu livro *Capitalismo e Liberdade*, deixa clara essa política ao afirmar que é tarefa do governo

> "manter a lei e a ordem, os direitos de propriedade (...), o que o mercado faz é reduzir sensivelmente o número de questões que devem ser decididas por meios políticos".

Surgiu na América Latina uma crítica, originada na Comissão Econômica para a América Latina (CEPAL), às visões dos países de capitalismo desenvolvido sobre o desenvolvimento.

A base da política econômica cepalina se fundava na "teoria da deterioração dos termos de troca", ou "teoria das trocas desiguais", na qual identificava que um dos problemas da América Latina era que estes países eram em grande parte agroexportadores, enquanto importavam produtos industrializados do centro. Tanto a CEPAL como Celso Furtado inspiravam-se nas teorias keynesianas e estruturalistas.

Celso Furtado desenvolveu a Teoria do Subdesenvolvimento, com a qual mostra a assimetria tecnológica entre as economias desenvolvidas e subdesenvolvidas, destacando a necessidade da industrialização como caminho para superar o subdesenvolvimento.

As teorias cepalinas e de Celso Furtado exerceram importante papel entre economistas progressistas do Brasil. E o papel do Estado no desenvolvimento econômico foi acatado por importantes segmentos da sociedade. Getúlio Vargas já praticara a política desenvolvimentista.

A Constituição de 1988 optou pelo Estado Social e participação do Estado em setores estratégicos da economia. Não adotou a visão liberal de que o mercado traria naturalmente o desenvolvimento.

A opção pelo neoliberalismo, iniciada no governo Collor e aprofundada no governo Fernando Henrique Cardoso, abriu o caminho para o processo de redução do papel do Estado com as privatizações de empresas estatais.

Durante os governos Lula e Dilma, a ênfase no desenvolvimento voltou, mesmo que limitado com o chamado tripé macroeconômico – câmbio flutuante, meta de inflação e meta fiscal.

Com Temer e Bolsonaro, retornaram e foram aprofundadas as políticas neoliberais.

Com a vitória eleitoral de Lula, retornou a política desenvolvimentista, com limitações impostas pela força das correntes neoliberais no Parlamento e no Banco Central.

Outro obstáculo às políticas neoliberais são os direitos fundamentais, contidos na Constituição social de 1988. Por isso são tão combatidos.

Paulo Bonavides mostra que a busca da igualdade está no centro do Estado social, pois envolve a dimensão material da democracia.

Os direitos fundamentais passam a ser demonizados, por se voltarem à busca da dimensão material da democracia. Há uma ligação indissolúvel entre a defesa dos direitos fundamentais e a defesa da Constituição de 1988.

Há uma tensão entre capitalismo e democracia e, sob o neoliberalismo, essa tensão foi aprofundada. O neoliberalismo, nova forma do capitalismo, impactou sobre a democracia, determinando uma forte influência do poder econômico sobre o poder político.

A influência do poder econômico no processo político aprofundou a crise da democracia representativa. O resultado eleitoral passou a depender crescentemente do poder econômico. Os parlamentares eleitos passaram a representar seus financiadores e não seus eleitores. Isso provocou uma distância crescente entre a maioria dos parlamentares e os interesses da população, configurando uma crise de representatividade.

A esquerda tem que fazer uma crítica à democracia liberal, mostrando que seu vínculo com o poder econômico é a causa de sua perda de legitimidade. Daí a importância de uma reforma política democrática.

Tal situação tem provocado críticas à democracia neoliberal, abrindo espaço para a extrema-direita.

Cabe às forças democráticas e de esquerda a crítica progressista à democracia neoliberal e à influência do poder econômico no processo eleitoral, bem como a proposição de uma reforma política com a adoção do financiamento público exclusivo e a adoção do sistema eleitoral proporcional de lista pré-ordenada.

Esse é o caminho para assegurar uma representação parlamentar ligada à maioria da sociedade.

Nos dias atuais, o golpe militar foi substituído pela Guerra Híbrida, pelo Golpe Brando e pela Guerra Cultural.

A diferença entre a chamada Revolução Colorida e a Guerra Cultural é que a primeira é utilizada, pelos órgãos de segurança do governo norte-americano, para derrubar governos que se opõem aos Estados Unidos. Já a Guerra Cultural é utilizada, por grupos de extrema-direita, para conquistar a hegemonia cultural e política e ganhar eleições. Elas utilizam métodos semelhantes.

A luta ideológica foi uma dimensão do conflito social subestimado pela esquerda, que abriu caminho para a direita neofascista conquistar a hegemonia ideológica, com a Guerra Cultural.

Essa forma de luta ideológica difunde ideias de ódio, violência, destruição do inimigo, negação da história, da ciência e o combate ao comunismo. Com muito dinheiro, apropriando-se das redes sociais e dos algoritmos, manipula os fatos.

Steve Bannon teve papel importante na passagem da utilização das redes sociais para a venda de produtos, utilizando os algoritmos, para a luta política com a difusão das ideias da extrema-direita e seus candidatos, em particular Trump.

No Brasil Bolsonaro valeu-se da experiência da campanha de Trump e contou com o respaldo de Bannon.

A Guerra Cultural no Brasil caracteriza-se por três elementos: o pensamento de Olavo de Carvalho, a Lei de Segurança Nacional e o livro *ORVIL*.

Essas três vertentes convergem no ódio ao comunismo e na defesa das ideias reacionárias e de extrema-direita. O ataque às universidades públicas e ao pensamento de Paulo Freire é outra vertente do pensamento olavista.

Tais ideias são difundidas através das redes sociais e contam com o apoio de empresários, políticos de extrema, militares e religiosos de perfil neopentecostal. Elas conseguiram construir uma hegemonia que garantiu a vitória eleitoral de Bolsonaro.

A falsa luta contra a corrupção foi largamente utilizada contra o PT e a esquerda. Essa bandeira sempre foi utilizada para derrubar, ou tentar derrubar, governos que defendam os interesses nacionais e os direitos sociais.

O parlamento, onde o poder econômico tem uma sólida hegemonia política, é o espaço privilegiado para as iniciativas pretensamente legais visando à derrubada de governos que se opõem à política neoliberal e aos interesses do governo norte-americano. Foi o que ocorreu na Nicarágua e no Paraguai. E o que ocorreu no Brasil com o golpe contra a ex-presidente Dilma, através de um *impeachment* sem nenhuma base jurídica.

Com a eleição do presidente Lula, as forças conservadoras e bolsonaristas no Parlamento criam todo tipo de dificuldades para impedir o êxito do governo federal.

A análise dos segmentos sociais que mais exercem papel na Guerra Cultural é relevante para se compreender a atribuição de cada um nessa frente de luta.

Os empresários exerceram muita influência na construção da hegemonia conservadora e de extrema-direita. Sua ação organizada ocorreu, de forma destacada, no processo de preparação e no curso da Assembleia Nacional Constituinte. Inúmeras organizações empresariais foram fundadas visando eleger parlamentares para a Constituinte e influenciá-la para impor as ideias neoliberais na futura Constituição.

Passada a Constituinte, a organização política empresarial continuou e foi aperfeiçoada passando a utilizar as novas mídias, como blogs, redes sociais, postagens de vídeos na rede, e recrutando jovens. Para isso, financiaram a criação de Think Tanks e entidades como o MBL para mobilizar a juventude em torno das ideias neoliberais e de extrema-direita.

Nos dias atuais, boa parcela dos empresários continua sendo base da extrema-direita, criando todo tipo de problemas para o êxito do governo Lula. Evidentemente existem empresários nacionalistas que defendem uma política de desenvolvimento e se situam na defesa da democracia.

Outro segmento importante na Guerra Cultural são os religiosos neofascistas, entre os quais destacam-se lideranças evangélicas e católicas neopentecostais. Em sua quase totalidade, eles têm exercido papel nefasto para a democracia, para o progresso social, para a igualdade social e econômica do povo brasileiro e na luta ideológica, apoiando política e ideologicamente a extrema-direita.

A influência das igrejas evangélicas norte-americanas sobre as igrejas neopentecostais brasileiras é marcante. Nas ideias destaca-se a negação da ciência, da história, o combate ao comunismo, a defesa do papel das elites norte-americanas nos "planos de Deus", a defesa do capitalismo e de Trump.

Outra influência diz respeito à utilização da TV como forma de atingir as amplas massas na difusão de suas ideias. E mais recentemente as redes sociais.

Fato importante foi o memorando encaminhado, em 1969, ao presidente Richard Nixon escrito pelo político republicano Nelson Rockefeller, evangélico batista e vice-presidente dos EUA, que, referindo-se à América Latina, afirmou: "A igreja católica deixou de ser um aliado de confiança dos Estados Unidos". Com isso houve um grande estímulo ao crescimento das igrejas evangélicas na região.

No Brasil o pentecostalismo e o neopentecostalismo têm combatido o Partido dos Trabalhadores (PT), a esquerda e o comunismo, com ataques aos homossexuais e ao aborto e em defesa de pautas conservadoras.

O pano de fundo teológico dessas posições tem a ver com a Teologia da Prosperidade que defende o capitalismo e assim se coloca de forma frontal contra todos aqueles que criticam esse sistema. Daí a crítica virulenta aos comunistas, bem como aos petistas e à esquerda.

Recentemente a bancada evangélica da Câmara apresentou o Projeto de Lei nº 1.904/2024, que criminaliza as vítimas de estupro e equipara o aborto a homicídio. Tal projeto é um sério retrocesso, se confrontado com a permissão legal de aborto quando há estupro, e vai atingir meninas de famílias pobres.

O respeito às crenças religiosas relaciona-se à defesa da democracia, do respeito aos diferentes credos e opções religiosas e ideológicas. O sentimento religioso está presente na grande maioria dos brasileiros, tanto entre católicos, evangélicos, como entre outras crenças.

A generalização termina levando a erros. De fato, a maioria dos pastores evangélicos e boa parte de seus seguidores apoiam as ideias reacionárias. Todavia existem pastores e fiéis identificados com as pautas democráticas.

Outro segmento destacado na Guerra Cultural são os militares neofascistas.

A intervenção dos militares na vida política brasileira se fez sentir em vários momentos da história brasileira. Isso ocorre sempre que há um governo contestando a dependência brasileira aos Estados Unidos e defendendo os interesses da maioria da sociedade.

Na Constituinte houve um importante debate que terminou por condicionar a intervenção das FFAA a um dos poderes da República. Na própria Constituinte, ficou evidente a pressão dos militares. Fato que se expressou em várias outras oportunidades, sobretudo na tentativa golpista de 2022.

O pensamento que sustenta as ideias conservadoras e de extrema-direita entre os militares foi realizada por meio do livro *COMENTÁRIOS A UM DELÍRIO MILITARISTA*, tendo como referência o Projeto de Nação elaborado por militares.

Nele fica explícito o apoio às ideias conservadoras, ao neoliberalismo, ao anticomunismo. E o combate às ideias de Gramsci e ao chamado marxismo cultural.

No tal projeto, a Guerra Cultural da extrema-direita fica evidente com o objetivo de "neutralizar o poder das correntes de pensamento ideológico radical e utópicas".

A influência dos militares na vida política continua até hoje, sob novas formas.

Por isso mesmo, um governo democrático necessita adotar uma nova política de formação democrática das Forças Armadas, fundada nos princípios de nossa Constituição, assim como promover oficiais identificados com tais objetivos.

Os políticos neofascistas exercem importante papel na Guerra Cultural.

Um ambiente favorável para a análise do perfil dos políticos brasileiros relaciona-se com a ação parlamentar. Através do voto e das opiniões fica delineado o perfil político-ideológico do parlamentar.

Na Assembleia Constituinte foi possível identificar melhor as diversas tendências político-ideológicas dos partidos políticos e dos políticos pela diversidade das questões lá discutidas e votadas. Ela tinha um perfil onde predominava o conservadorismo. Todavia conseguiu aprovar uma Constituição de conteúdo social e democrático, fruto do clima político que reclamava por direitos com o fim da ditadura militar e a ampla mobilização da sociedade.

Os conservadores se organizaram em torno do Centrão, que surgiu como resposta dos setores empresariais da sociedade contra os avanços obtidos nas comissões e subcomissões.

A Assembleia Nacional Constituinte constituiu-se num momento destacado da composição do Parlamento brasileiro, onde se discutiam as grandes questões que definiram os rumos futuros do Brasil.

Todavia, o crescimento da influência do poder econômico nas eleições e da direita neofascista colocou, crescentemente, o Parlamento à mercê do poder econômico e das pautas reacionárias, contrárias aos princípios humanistas da Constituição brasileira.

A melhor identificação político-ideológica da base do bolsonarismo se expressa pelas bancadas da bíblia, da bala e do gado.

A Bancada de extrema-direita de Bolsonaro, aliada ao Centrão em determinadas pautas, tem imposto derrotas e criado dificuldades para o governo Lula.

Uma dimensão decisiva na Guerra Cultural ocorreu com o surgimento das redes sociais. A nova fase do capitalismo tem sido identificada como capitalismo de plataforma, capitalismo de vigilância. Nessa atual fase, a mineração de dados passou a ser a nova forma da acumulação capitalista.

As bigh techs identificam, na leitura das mentes dos usuários, seus pensamentos, sentimentos e o que estavam fazendo. Com esses dados, poderia orientá-los à compra de determinados produtos e à determinada opção político-eleitoral.

A capacidade das plataformas de atingirem setores determinados da sociedade, com grande eficácia, deve-se ao papel dos algoritmos. Eles são uma ferramenta decisiva na Guerra Cultural. São modelos e opiniões embutidos em matemática. E certos algoritmos incorporam preconceitos racistas, antissociais e antidemocráticos.

As empresas de tecnologia despejaram milhões de dólares em contribuições ao sistema político, ganhando os meios para fazer o ajuste fino de nosso comportamento político apenas trabalhando seus algoritmos. Daí a importância de se regulamentar os modelos matemáticos, bem como realizar auditorias dos algoritmos.

A Inteligência Artificial (AI) representa um importante avanço do ponto de vista tecnológico. Todavia, traz maiores riscos à democracia ao ser utilizada para dar maior veracidade às *fake news* manipulando voz e imagem. Ela é uma área de tecnologia da computação que visa desenvolver sistemas e programas computacionais capazes de resolver problemas, encontrar soluções e executar tarefas que normalmente exigem a inteligência humana.

As IAs são tecnologias que podem simular, replicar e até aprimorar comportamentos humanos. Elas seguem modelos de algoritmos inteligentes e complexos. Utilizam-se da coleta e do processamento de grandes volumes de dados para aprender, executar e resolver problemas.

Máquinas que utilizam a Teoria da Mente teriam a capacidade de aprender e identificar aspectos cognitivos. Entre eles, as estruturas de pensamentos, emoções, crenças, empatia, comunicação, entre outros, que até então eram exclusivos aos humanos. Exemplos de IA no nosso dia a dia: assistentes de voz, reconhecimento facial, algoritmo de redes sociais.

A extrema-direita tem usado as redes sociais para espalhar *fake news* e conseguir implantar a hegemonia de suas ideias.

As mentiras, sob sua forma atual, as *fake news*, exercem um papel de grande relevância na Guerra Cultural promovida pela extrema-direita, pois elas incidem sobre o processo político, causando grandes danos à democracia. As *fake news* são manipulações dos fatos, utilizando-se da emoção – ódio, medo e raiva – e de crenças morais e religiosas. E deixam de lado a ciência e a racionalidade.

Nessas condições, a defesa da verdade, dos fatos, torna-se um objetivo de grande importância no enfretamento político e ideológico.

A pós-modernidade, além de questionar a verdade, nega a possibilidade das metanarrativas, ou seja, de projetos de transformação social. Com isso procura negar a possibilidade do socialismo.

Na verdade, as ideias que defendem a perenidade do capitalismo não têm nenhum fundamento científico.

O *lawfare* é outra arma da Guerra Cultural. É a utilização do direito como arma política visando a desmoralização e condenação de adversários.

A utilização do combate à corrupção está dentro da estratégia militar dos Estados Unidos. No caso do Brasil, a Lava Jato, a maior Operação contra a corrupção do país, teve como objetivo fundamental desmoralizar o então ex-presidente Lula, prendê-lo e impedir sua candidatura.

Enfrentar o *lawfare* é travar uma "contraguerra" cultural que, no âmbito tático, há de implicar uma organização em prol de ampliar o acesso à cultura, às ciências e artes, como meios de promover também o pensamento crítico e uma conscientização que possibilite o cidadão comum não ser manipulado por notícias falsas.

Fica evidente que a Guerra Cultural movida pela extrema-direita, além de contar com enormes recursos provenientes do setor empresarial, paga psicólogos sociais, neurocientistas e outros especialistas para criarem os mecanismos, junto com os engenheiros de computação, que consigam moldar as mentes das pessoas no sentido de suas ideias e seus propósitos.

Os algoritmos não são neutros, são elaborados para atingir determinados objetivos no comércio e na política. Os algoritmos desenvolvidos com base em conhecimento científico corrente em neurociência e psicologia humana estão permitindo que sistemas computacionais complexos de *machine learning* operem praticamente sem supervisão humana para manipular as psiques dos indivíduos

Uma questão importante na Guerra Cultural é a falsificação de consensos. A manipulação da subjetividade para criar falsos consensos é realizada com a participação de psicólogos sociais.

No campo hegemônico do capitalismo, neurocientistas têm participado ativamente da construção de *hardware* e *software* necessários à implementação de diversos aspectos da guerra

O controle das mentes é exercido por estímulos, positivos ou negativos, realizados através dos neurônios que liberam a dopamina.

Assim como existem psicólogos sociais e neurocientistas a serviço da extrema-direita, há também os que estão a favor da verdade e da democracia.

Fica evidente que a Guerra Cultural movida pela extrema-direita, além de contar com enormes recursos provenientes do setor empresarial, paga psicólogos sociais, neurocientistas e outros especialistas para criarem os mecanismos, junto com os engenheiros de computação, que consigam moldar as mentes das pessoas no sentido de suas ideias e propósitos.

Parte II

A luta ideológica democrática

Capítulo VII

Luta ideológica democrática

Na atual conjuntura, o objetivo da luta ideológica democrática deve se voltar para barrar o fascismo e consolidar e ampliar a frente ampla para garantir o êxito do governo Lula.

Por isso, o programa de luta ideológica situa-se nos limites da democracia social, incorporada à Constituição de 1988. Esse é o fundamento com o qual podemos consolidar nossa base e atrair outros setores.

Uma importante alteração no sistema político brasileiro que devemos colocar na pauta diz respeito à reforma político-democrática. A efetivação dessa reforma permitirá a mudança do perfil político do Parlamento, garantindo os avanços necessários de nossa democracia.

Aos partidos políticos e movimentos sociais, caberá a tarefa de defender as reformas estruturais de caráter democrático que permitam o avanço de nossa democracia. Sem criar um certo nível de consenso na sociedade, torna-se impraticável sua aprovação no Parlamento.

O objetivo da luta ideológica democrática e progressista é consolidar suas bases, ganhar a grande maioria dos que foram enganados pela falsa pregação bolsonarista, neutralizar outros setores e isolar os bolsonaristas de extrema-direita, combatendo-os de forma firme e fundamentada.

Para assegurar o êxito nessa esfera de luta, é fundamental conhecer a fundo a Guerra Cultural da extrema-direita. E, ao desenvolver a luta ideológica democrática torna-se fundamental combinar a razão com o sentimento, sobretudo junto às camadas populares.

A luta ideológica democrática distingue-se da Guerra Cultural da extrema-direita no conteúdo e no método. Ela se utiliza do diálogo, e não de uma comunicação violenta. A comunicação violenta com setores que se pretende ganhar para o campo democrático rompe com a possibilidade do diálogo.

Para abrir o diálogo, é necessário levar em conta o conteúdo e a forma da mensagem a ser divulgada. A maneira como ela será transmitida. Quando a questão é apresentada de forma impositiva, gera a rejeição e impede o diálogo.

É importante não se colocar como dono da verdade. Mas fornecer elementos para superar a visão unilateral dos fatos e assim contribuir com o despertar da consciência crítica desses setores para que, confrontados com os fatos, possam perceber o que ocorre no país.

Uma questão fundamental no diálogo é o reconhecimento do outro. O respeito por suas opiniões, mesmo que erradas. Aí reside um importante ponto de partida para o diálogo. Para dialogar é necessário escutar a opinião da pessoa com quem se quer dialogar. Conhecer seu pensamento. Isso equivale a dizer que devemos levar em conta o ponto de vista do outro para criar um espaço para o diálogo.

No diálogo é necessário identificar as razões que levaram as pessoas a adotar posições negacionistas para identificar se suas previsões se confirmaram, despertando assim sua consciência crítica. Dar elementos para que elas possam ter uma visão realista dos fatos.

É fundamental atingir o sentimento das pessoas. Muitos reagem mais ao sentimento do que à razão.

Com o fascismo, não existe possibilidade de diálogo e sim o combate firme às suas ideias e práticas. A história conhece as consequências dessa concepção!

Capítulo VIII

I

Plano programático de luta ideológica

A sugestão de um plano de luta ideológica, às fundações dos partidos democráticos e de esquerda, visa contribuir para colocar em prática as ideias expostas neste livro.

Não é suficiente analisar a realidade. É necessário transformá-la. Por isso, sugiro um plano de luta ideológica democrática. Sei das dificuldades para implementá-lo. Mas o apresento por considerá-lo de grande relevância para o futuro das forças progressistas e de esquerda.

Estou convencido de que um dos maiores riscos à democracia e ao êxito do governo Lula relaciona-se com a luta ideológica. Trata-se de uma esfera de luta que até aqui foi subestimada pela esquerda.

Contando com muito dinheiro e com técnicas avançadas, a extrema-direita tem colhido importantes frutos com a Guerra

Cultural. Torna-se essencial entendê-la para realizarmos, com eficácia, a luta ideológica democrática.

O fato de essa sugestão ser encaminhada às fundações dos partidos progressistas parte da constatação do atraso dessas forças no tratamento desta esfera de lutas. E, pela importância da tarefa, da necessidade de uma ampla união para gerar uma potência capaz de obter expressivos resultados no esforço de atrair importantes segmentos sociais ganhos pelo bolsonarismo. Necessitamos reconstruir a hegemonia das ideias progressistas na sociedade.

Assim, além de conhecer a Guerra Cultural da extrema-direita, torna-se indispensável formular um plano de luta de ideias de caráter democrático e progressista que, pela importância dessa frente de batalha, deve resultar em uma articulação conjunta dos partidos políticos progressistas e de suas fundações.

Na atual conjuntura, o objetivo da luta ideológica democrática deve se voltar para barrar o fascismo e consolidar e ampliar a frente ampla para garantir o êxito do governo Lula.

Por isso, o programa de luta ideológica aqui proposto situa-se nos limites da democracia social, incorporada à nossa Constituição. Esse é o fundamento com o qual podemos consolidar nossa base e atrair outros setores.

Aos partidos políticos e movimentos sociais, caberá a tarefa de defender as reformas estruturais de caráter democrático que permitam o avanço da nossa democracia. Todavia, sem criar um certo nível de consenso na sociedade para a aprovação de tais reformas, elas se tornam inviáveis.

Considero que a reforma estrutural mais imediata diz respeito à reforma político-democrática. A efetivação dessa reforma permitirá a alteração do perfil político do Parlamento, garantindo os avanços necessários de nossa democracia.

Apresento algumas sugestões que poderão servir de subsídio a um Plano programático de luta de ideias. Ele procura, por um lado, expressar as ideias que defendemos para o país, identificando, por outro, as ideias que deverão ser objeto de nossa crítica.

Ao lado disto, é necessário um plano de luta em torno de questões colocadas pelo curso dos acontecimentos.

O Plano programático deverá estar voltado a dar subsídios à elaboração de materiais que possam fornecer elementos para a elaboração de filmes, vídeos, cursos de formação e outros materiais de divulgação.

O outro plano deve se voltar para a luta imediata, em torno dos debates que estejam na ordem do dia.

Ambos aspectos devem levar em conta as dimensões racional e emocional para o êxito da luta ideológica democrática.

Na parte inicial do livro foi feita uma análise das diversas dimensões da luta a ser travada. Agora trata-se de extrair as ideias-chave a ser defendidas e combatidas para incorporar o plano de luta ideológica.

1. Desenvolvimento com distribuição da riqueza *versus* juros altos com concentração da renda

A questão econômica está no centro da luta ideológica. Por isso, é importante identificar as ideias que presidem o neoliberalismo.

A política neoliberal do ministro Paulo Guedes levou o País a um processo de privatizações, desnacionalizações, desindustrialização. E, do mesmo modo, a contenção de gastos públicos que, numa situação de crise, teve consequências desastrosas para a economia com o aprofundamento do desemprego e da crise social.

Bolsonaro abraçou a concepção econômica neoliberal sustentada por seu ministro da economia, Paulo Guedes, que defendia a falsa ideia de que o mercado é capaz de regular as relações econômicas e sociais.

Na verdade, trata-se de uma política que privilegia os bancos e ataca os direitos dos trabalhadores para assegurar maiores lucros aos empresários e banqueiros. E que defende que o Estado atrapalha a economia.

A realidade tem demonstrado que a política neoliberal, longe de resolver os problemas econômicos e sociais dos países, levou à paralisia da economia, à desindustrialização e ao desemprego.

Um dos aspectos-chave dessa visão econômica é a negação do papel do Estado na economia. No entanto, a experiência de países em desenvolvimento mostra que o Estado é essencial para alavancar a economia.

Defendemos uma economia que tenha no Estado um importante suporte para seu desenvolvimento. Assim, o papel das empresas públicas é essencial. Portanto, essa alternativa de desenvolvimento não aceita a privatização de setores estratégicos da economia.

O núcleo da economia deve se voltar para um desenvolvimento sustentável, com distribuição da renda. Para isso, a ênfase deve estar no desenvolvimento e não no combate à inflação. A ênfase no desenvolvimento não exclui o combate à inflação.

Tal política entra em confronto com a chamada autonomia do banco central. Na realidade, autonomia em relação à soberania popular, ao governo eleito pelo povo e dependência ao mercado.

Assim, nossa plataforma de luta ideológica para a economia deve se voltar para:

1. Defesa do projeto de desenvolvimento sustentável, com distribuição da renda e luta contra a política econômica neoliberal.
2. Mostrar as consequências econômicas e sociais da política neoliberal no mundo e no Brasil.
3. Defesa do papel do Estado no desenvolvimento e contra as privatizações.
4. Mostrar que, mesmo países capitalistas, fortaleceram o papel do Estado na economia e na defesa de direitos sociais como nos Estados Unidos, com Franklin Roosevelt.
5. Combate à falsa ideia de que o mercado é capaz de regular as relações sociais e econômicas.
6. Defesa de um banco central que respeite as decisões do governo legitimamente eleito.

2. Defesa dos trabalhadores e de seus direitos *versus* combate aos direitos trabalhistas e sindicais

O conflito entre o capital e o trabalho está ligado à própria essência do capitalismo: a busca de maiores lucros pelo menor custo. A luta dos trabalhadores e trabalhadoras é o fator determinante na busca de melhores salários, benefícios para a saúde e segurança e conquista de novos direitos.

A Constituição de 1988 assegura o direito fundamental ao trabalho digno como um dos pilares da democracia. No cenário internacional, é o trabalho decente defendido pela Organização Internacional do Trabalho (OIT) e pela Organização das Nações Unidas (ONU).

No entanto, o que tem ocorrido são ações das forças neoliberais visando combater os direitos sociais, previdenciários, sindicais e os direitos trabalhistas, assim como a Justiça Social Trabalhista.

Com o golpe de 2016 veio a chamada Reforma Trabalhista, a Lei nº 13.467 aprovada em 2017. Foi um passo decisivo desse projeto, impondo grave retrocesso social. O passo seguinte foi a extinção do Ministério do Trabalho com mais de 88 anos de história e funcionamento essencial para o mundo do trabalho. Esse foi um dos primeiros atos nefastos do governo Bolsonaro, que tantos prejuízos trouxe ao campo social, ao mundo do trabalho e à sociedade brasileira marcada pela desigualdade econômica e social.

Com a vitória eleitoral do presidente Lula, o governo recriou o Ministério do Trabalho e Emprego, aumentou o salário-mínimo, corrigiu a faixa de isenção do Imposto de Renda com algumas medidas já adiantadas, com vistas a corrigir as distorções e o retrocesso social da Reforma Trabalhista. No entanto, continua a pressão contra os direitos sociais e trabalhistas, contra a Justiça do Trabalho, seja no Congresso, seja em parte dos integrantes do Supremo Tribunal Federal.

1. Defesa dos direitos sociais, do Direito do Trabalho, Previdenciário e da Justiça do Trabalho
2. Pela recomposição dos direitos sociais e dos direitos e garantias trabalhistas afetados pela chamada Reforma Trabalhista, na realidade uma antirreforma trabalhista.
3. Combate às ideias neoliberais de cortes de direitos sociais para beneficiar o mercado e aumentar indiscriminadamente os lucros.
4. Pelo fortalecimento dos sindicatos e entidades dos trabalhadores. A representativa de classe é um dos eixos mais importantes para a democracia.

3. Luta contra as causas reais da corrupção *versus* falsa luta contra a corrupção

A corrupção existe, com maior ou menor intensidade, em todas as sociedades e organizações. Todavia é decisivo constatar que há uma corrupção individual e uma social.

A corrupção social é fruto de um sistema econômico e social que conduz a maioria do povo à miséria. Para acobertar a corrupção social, os setores dominantes se utilizam de falsas acusações contra governantes que adotam políticas a favor das camadas mais pobres da população para afastá-los do governo. Foi o que aconteceu com Getúlio, Juscelino, Jango, Lula e Dilma.

Na verdade, a tática sempre foi procurar responsabilizar o presidente para afastá-lo do cargo.

O verdadeiro combate à corrupção exige provas e não denúncias vazias, com objetivos políticos, como ocorreu com o presidente Lula.

Dado relevante para mostrar a falsidade dos que dizem combater a corrupção é o fato de que a principal causa da corrupção eleitoral é o financiamento empresarial de campanhas eleitorais.

Quando estava na pauta do Congresso a proibição do financiamento empresarial, tais setores votaram contra, revelando sua verdadeira face.

É importante destacar que a questão da corrupção se tornou a peça-chave, utilizada pelas forças conservadoras, para afastar governantes a favor do povo na América Latina.

Isto ocorreu na Argentina, na Bolívia, no Equador e no Brasil.

Durante o governo Dilma, foram criadas importantes instituições de combate à corrupção. No governo Bolsonaro, que se diz lutador contra a corrupção, houve um desmonte sistemático desses mecanismos, entre os quais a Lei de Acesso à Informação.

O caso da venda das joias recebidas da Arábia Saudita, realizada a mando de ex-presidente neofascista, evidencia a falsidade da sua luta contra a corrupção individual.

E Bolsonaro, com sua política econômica e social voltada para os ricos, praticou a corrupção social ao agravar as condições de vida da população.

1. Mostrar que a corrupção existe em todos os governos e entre particulares. Mas para acusar de corrupção é necessário ter provas. E que há o uso da bandeira da corrupção contra governos que defendem os interesses dos trabalhadores.
2. Apresentar o fato de que a principal causa da corrupção eleitoral é o financiamento empresarial de campanha e, quando esse tema foi colocado em votação na Câmara dos deputados, os falsos defensores da luta contra a corrupção votaram contra.
3. Mostrar que há a corrupção individual e a corrupção social.
4. Demonstrar, com fatos, a falsidade da luta contra a corrupção feita pelos bolsonaristas.

5. Denunciar o estrangulamento dos órgãos responsáveis pelo combate à corrupção em seu governo.
6. Denunciar a corrupção feita pelo ex-presidente e por sua família. Mostrar a falsidade das denúncias contra Lula. O STF anulou os processos contra ele.

4. Política voltada para a democracia e para os interesses da maioria *versus* falsa crítica à velha política

Os bolsonaristas combatiam cinicamente a política. Todavia a vida tem desmoralizado a falsa crítica à velha política feita por eles, pois Bolsonaro faz parte da velha política.

É importante se perguntar: Por que a política, os políticos e os partidos políticos foram demonizados?

Na verdade, em qualquer parte do mundo, a política é o caminho democrático para resolver conflitos e para governar. A política é peça-chave na democracia. Sem política não há democracia. E os partidos são instrumentos para organizar a luta política.

Se não há política e nem partidos políticos, o que colocar em seu lugar? Os representantes do capital criticam e criminalizam a política e defendem que, no lugar de representantes eleitos pelo povo, gestores de caráter administrativo-técnico deveriam assumir as tarefas de Estado, numa concepção empresarial. Esta alternativa significa deixar de lado a democracia e a participação popular. É a negação da democracia que implica a participação do povo nos destinos do país. Sem isso os trabalhadores e o povo não teriam condições de influenciar nas decisões governamentais.

O distanciamento da representação política das aspirações populares, fruto da influência crescente do poder econômico no processo político explica, em larga medida, a fragilização da democracia no mundo. No Brasil, tal fenômeno ficou explícito com o crescimento da extrema-direita com a defesa da política econômica neoliberal e do autoritarismo.

1. Defesa da democracia social incorporada à Constituição do Brasil.
2. Combate às ideias bolsonaristas de negação da política, dos políticos e dos partidos.
3. Defesa da política e dos partidos políticos como uma necessidade da democracia.
4. Defesa de uma reforma político-democrática que assegure o financiamento público exclusivo de campanhas eleitorais e um sistema eleitoral capaz de garantir a representação da maioria da sociedade nos parlamentos. A alternativa mais democrática é o sistema eleitoral proporcional em lista.
5. Ampliar a participação social na construção de políticas públicas, no controle social da gestão pública e na proposição de leis para o Congresso Nacional.
6. Desenvolver debates em defesa da democracia e da Constituição como forma de consolidar o sistema democrático.

5. Defesa da ciência e da história *versus* negacionismo da ciência e da história

Os negacionistas afirmam que não houve golpe militar, que o nazismo foi um movimento de esquerda e que a terra é plana. Defendem a tortura e o torturador Brilhante Ustra. Defenderam a antivacina e o uso da cloroquina. Negam as mudanças climáticas.

O negacionismo decorre de uma visão reacionária que nega a ciência e se apega a conceitos medievais. É um profundo retrocesso civilizacional.

Para os bolsonaristas, não existem fatos, mas a interpretação ideológica dos fatos.

Não existe democracia se não se respeita a realidade. A negação dos fatos impede uma avaliação justa dos acontecimentos. Um país só avança se reconhece seus erros e os corrige.

A consciência crítica, a capacidade de analisar a situação do país, é fator indispensável para a consolidação democrática. A negação da ciência, da história e dos fatos impede esse processo.

1. Despertar a consciência crítica da sociedade.
2. Defesa da ciência, da história e da realidade factual.
3. Mostrar, com base na ciência, o absurdo das ideias negacionistas.
4. Destacar o papel da ciência na evolução da humanidade, das conquistas científicas.
5. Demonstrar a verdade sobre fatos históricos como o nazismo e a ditadura miliar de 1964.
6. Dar destaque à tentativa golpista de 2022.

6. Defesa da educação e da cultura *versus* educação militarizada e combate à cultura

A luta ideológica tem dimensão internacional. Nas áreas da educação e da cultura, são movimentos construídos na Europa, América Latina, África e EUU. Com diferentes nomes, constroem plataformas e formatos de escola e concepção educacional.

No Brasil o bolsonarismo criou a chamada escola sem partido, as escolas cívico-militares, com ataques à educação crítica e a criação do fantasma da existência e supremacia de um marxismo cultural em todas as escolas brasileiras.

A defesa da chamada escola sem partido, na verdade, foi uma investida contra a liberdade de cátedra e de pensamento asseguradas na Constituição.

E, para tentar debilitar economicamente a União Nacional dos Estudantes (UNE) e o movimento estudantil, o governo criou uma versão digital e gratuita da carteira de estudante, chamada ID estudantil.

O abandono da educação se expressou no orçamento do Ministério da Educação, o menor da história, com uma execução orçamentária extremamente baixa. Foram constantes os ataques aos estudantes e professores. Foi implementada a militarização do ensino.

Cabe ressaltar a grave consequência das *fake news* para a educação, levando a juventude a se satisfazer com falsas verdades, não buscando a verdade dos fatos, assim não despertando a consciência crítica, fundamental para uma educação democrática.

Na área da Cultura, além dos cortes orçamentários e a repressão a artistas, houve a extinção do Ministério da Cultura. A educação e a cultura são fatores fundamentais para o desenvolvimento de uma nação.

A educação é o caminho para a apropriação do conhecimento nas diversas áreas da ciência. Ela deve ser valorizada em todos os níveis, com o apoio governamental à escola pública, gratuita e de qualidade.

Vale destacar que as universidades públicas são os maiores centros de pesquisas científicas e tecnológicas do país.

Países que colocaram ênfase na educação, ciência e tecnologia hoje se colocam entre os que mais se desenvolvem.

A cultura, por outro lado, é elemento essencial da formação da identidade nacional e isso é fundamental para assegurar a unidade nacional e consolidar suas peculiaridades como povo.

Também promove a valorização da diversidade cultural e o respeito entre diferentes culturas e modos de ser. Além disso, ajuda na construção de identidades, do senso de coletividade e de pertencimento.

1. Defesa da educação e da cultura como questões essenciais na formação de um povo consciente e defensor de seus direitos.

2. Defesa da universidade pública.
3. Defesa da autonomia universitária e da liberdade de cátedra.
4. Ampliação de verbas para a educação e a cultura.
5. Defesa da escola pública, gratuita e de qualidade.
6. Contra a militarização do ensino.
7. Organização de seminários participativos e debates sobre a sociedade e a história do Brasil.
8. Promoção, com todos os recursos pedagógicos e de comunicação, de um conhecimento mais amplo e profundo dos brasileiros e brasileiras a respeito de si próprios, de sua identidade, de sua cultura, seus valores e de sua história.

7. Defesa da saúde pública e prioridade ao esporte *versus* política genocida de saúde e abandono do esporte

A saúde é uma questão importante para a população. Todavia, durante a pandemia, ficou clara a posição do ex-presidente em relação à saúde pública.

A CPI da Pandemia apresentou, no dia 20 de outubro de 2021, seu relatório final, após mais de seis meses de depoimentos e investigações. Entre as conclusões, há 68 sugestões de indiciamento, que consideraram responsabilidades de atores políticos, membros do governo federal, profissionais da saúde, blogueiros, empresários, servidores e empresas, por crimes que levaram a mais de 600 mil mortes.

A maioria das acusações diz respeito à incitação ao crime, no caso dos disseminadores de *fake news* com a defesa de tratamento precoce e de outras medidas sanitárias comprovadamente ineficazes. Os possíveis delitos vão de prevaricação a crimes contra a humanidade. As denúncias contra Jair Bolsonaro englobam o Código Penal, o Tratado de Roma, e crimes de responsabilidade podem chegar a penas de 68 anos.

Numa situação de crise, é papel do Estado usar recursos públicos para contê-la. No caso da crise sanitária, deve-se investir na saúde e também assegurar um mínimo de condições de vida aos trabalhadores e aos setores econômicos mais atingidos.

A Constituição brasileira definiu que a saúde é direito de todos e dever do Estado. Todavia, governos que adotam políticas neoliberais privatizam não somente setores da economia, mas também na área de saúde.

O fortalecimento da saúde com mais verbas, a consolidação do SUS, a inauguração de novos hospitais públicos são importantes objetivos de uma saúde pública de qualidade, voltada para atender a maioria da população.

O esporte está intrinsecamente ligado à saúde, proporcionando inúmeros benefícios àqueles que o praticam regularmente. A atividade física fortalece o sistema cardiovascular, auxilia no controle do peso e promove uma saúde mental equilibrada, reduzindo níveis de estresse e ansiedade. Ademais, contribui para o fortalecimento dos ossos e músculos, prevenindo doenças como a osteoporose, e aprimora o sistema imunológico, tornando o organismo mais resistente a infecções. A prática esportiva também está associada ao aumento da longevidade e ao incentivo de hábitos saudáveis, como uma alimentação balanceada e um sono adequado, resultando em uma vida mais saudável e equilibrada.

Contudo, durante o governo de Jair Bolsonaro, houve um significativo corte de verbas destinadas ao esporte, culminando na extinção do Ministério do Esporte. Em 2020, a Secretaria do Esporte sofreu uma redução de 49% em seu orçamento, em comparação ao ano anterior, o que resultou na demissão de dois terços dos funcionários da pasta. Além disso, o edital do Bolsa Atleta foi cancelado em 2020, e um novo edital foi publicado apenas em 2021.

Com a retomada do governo por Luiz Inácio Lula da Silva, em 2023, o Ministério do Esporte foi recriado, e houve uma articulação para que a Copa do Mundo de Futebol Feminino de 2027 seja realizada no Brasil, superando as candidaturas europeias de Holanda, Alemanha e Bélgica. O governo também ampliou os recursos destinados ao programa Bolsa Atleta em 10,86%, um aumento que não ocorria desde 2014 durante o governo de Dilma Rousseff.

Nos Jogos Olímpicos de Paris 2024, a delegação brasileira conquistou 21 medalhas, destacando-se o protagonismo das mulheres, que obtiveram 13 delas, incluindo três de ouro. Esse protagonismo é resultado do estímulo à participação feminina no esporte, promovido especialmente durante o governo Dilma entre 2010 e 2016. O Plano Nacional de Políticas para as Mulheres (PNPM) incluiu o esporte como uma ferramenta essencial para a promoção da igualdade de gênero, reconhecendo-o como um direito e um meio de empoderamento feminino, promovendo a inclusão das mulheres em atividades esportivas e de lazer.

O apoio do governo federal, sob a liderança do presidente Lula, foi amplamente destacado por diversos atletas medalhistas em Paris 2024, como Rebeca Andrade (ginástica artística), Isaquias Queiroz (canoagem), Caio Bonfim (atletismo), Beatriz Souza (judô) e a dupla Duda e Ana Patrícia (vôlei de praia), entre outros.

1. Defesa do papel do Estado na saúde.
2. Fortalecimento do SUS.
3. Mais verbas para a saúde.
4. Atenção ao esporte escolar e de alto rendimento.
5. Mostrar a política genocida do governo Bolsonaro durante a pandemia e a falta de prioridade para a saúde pública e o esporte.

8. Defesa da vida e dos direitos humanos *versus* defesa do ódio, da violência e da tortura

O ataque aos Direitos Humanos foi uma constante no governo do ex-presidente. Esse governo não aderiu à declaração da ONU pelo direito das mulheres, por não concordar com a inclusão da referência aos direitos sexuais e reprodutivos e revogou inúmeras portarias de anistia a perseguidos políticos.

E nele também foi constante a propagação do ódio, da violência e da discriminação de negros, mulheres, indígenas, quilombolas e comunidade LGBTQIA+.

Após a derrota eleitoral, o bolsonarismo continua atacando os direitos humanos e as instituições. Diante da decisão do Supremo Tribunal Federal de descriminalizar o porte de maconha por usuários, internautas da extrema-direita resolveram atacar a Suprema Corte divulgando a hashtag #STFOrganizaçãoCriminosa, e também "Fechem o STF"[193].

Tal reação deveu-se ao fato de que estava em curso no Congresso a Emenda Constitucional que determinava a prisão de qualquer portador de drogas, sem levar em conta se esse portador seria usuário ou traficante. A proposição terminou sendo aprovada. Os ataques ao STF vêm de longe e têm relação com a firme posição da Corte em defesa da democracia.

Está em curso a aprovação de uma série de medidas legislativas, defendidas pela extrema-direita, com a participação da bancada evangélica. Tais iniciativas representam um grave retrocesso em relação aos Direitos Humanos.

1. Colocar como central na defesa dos direitos humanos a luta contra a desigualdade social e a melhoria das condições de vida das camadas mais pobres da população.

[193] Brasil 247, 26 de junho de 2024.

2. Defesa dos trabalhadores, mulheres, negros, indígenas e quilombolas.
3. Combate às ideias racistas, machistas e discriminatórias contra a comunidade LGBTQIA+.
4. Combate à falsa ideia bolsonarista de que o armamento da população é o caminho para garantir sua segurança. Este papel é do Estado.
5. Lutar contra o armamentismo e a legislação que facilita a compra de armas.
6. Combater a tortura e pela imprescritibilidade do crime de tortura, considerado crime contra a humanidade.
7. Defender as instituições, em especial o STF, contra os ataques antidemocráticos dos bolsonaristas.

9. Defesa do meio ambiente e das mudanças climáticas *versus* agressão ao meio ambiente e negação das mudanças climáticas

A criminosa política ambiental adotada pelo governo Bolsonaro teve como consequência um grande crescimento do desmatamento e das queimadas.

Seu governo desmontou a estrutura de proteção aos povos indígenas, existente nos ministérios da Saúde e Educação, e colocou à frente da Fundação Nacional dos Povos Indígenas (Funai) dirigentes identificados com a destruição e a exploração das terras e do modo de vida dos indígenas. Os efeitos da política antiamazônica do governo neofascista mostraram suas consequências. Madeireiros, pecuaristas e garimpeiros viram-se livres de fiscalização e agiram.

A Amazônia brasileira é patrimônio do povo brasileiro. São inaceitáveis as teses que defendem sua internacionalização. Todavia, a nossa soberania sobre a Amazônia não nos dá direito de incendiá-la, nem de sermos coniventes com incêndios provocados por madeireiros criminosos que, com o apoio do governo extremista de direita, promoveram o "Dia de fogo".

Ideias como a defesa da exploração estrangeira da Amazônia; o enfraquecimento da fiscalização ambiental; a ausência de multas em caso de crime contra o meio ambiente; a falta de restrições ao agronegócio; a liberação da caça de animais, entre outras medidas, caracterizam a postura negacionista do governo federal anterior face à questão ambiental.

O negacionismo se expressa, também, pelo não reconhecimento das Mudanças Climáticas. Em 2019 Bolsonaro admitiu abandonar o Acordo de Paris. Com sua subserviência ao governo Trump, disse: "Se fosse bom, os EUA não tinham saído".

Em seu governo, o orçamento do Ministério do Meio Ambiente praticamente desapareceu, além das medidas normativas contra a fiscalização e do forte aparelhamento da gestão.

A questão ambiental é parte integrante do avanço civilizacional. Por isso ela é fundamental no projeto nacional de desenvolvimento.

A natureza oferece aos homens recursos necessários à sua sobrevivência, como a água, o ar, as florestas, os animais. Todavia esses recursos são finitos. A degradação do meio ambiente contamina as águas, reduz seu volume, polui o meio ambiente, destrói as florestas, a biodiversidade e os animais. Tudo isso causa sérias consequências à saúde humana. E, também, repercute na atividade produtiva, sobretudo da agricultura, nomeadamente fruto do aquecimento global.

Assim, a defesa do meio ambiente está relacionada com a própria defesa da vida. A agressão ao meio ambiente decorre, sobretudo, da busca do lucro fácil.

As Mudanças Climáticas têm causado graves consequências para a humanidade, como secas, incêndios florestais, enchentes, entre outros problemas.

Tais acontecimentos decorrem de causas naturais e humanas. Todavia há um debate influenciado por interesses econômicos, especialmente das áreas do petróleo e da agricultura, que negam ou subestimam a participação humana nas Mudanças Climáticas.

No Brasil os principais impactos do aquecimento global são: ondas de calor prolongadas em quase todo o país; chuvas volumosas em curto espaço de tempo (RGS); secas duradouras e consequente escassez de água; frio exacerbado fora de época; e registros de geadas em áreas onde o fenômeno é incomum. Tais impactos geram diversos problemas, como enchentes, inundações, desabastecimento de água e problemas de saúde para a população.

A realidade tem demonstrado que as comunidades tradicionais, em particular os indígenas, exercem um importante papel na preservação do meio ambiente. Isso decorre do respeito que têm para com a Natureza.

1. Luta contra as ideias errôneas de negação da importância da questão ambiental.
2. Defesa do meio ambiente como um avanço civilizacional.
3. Reconhecimento das Mudanças Climáticas e do papel humano nas mudanças do clima.
4. Defesa das responsabilidades diferenciadas, entre países desenvolvidos e em vias de desenvolvimento, no combate ao aquecimento global.
5. Defesa do desenvolvimento sustentável que combine o desenvolvimento econômico e social com a preservação do meio ambiente.
6. Defesa das comunidades tradicionais como defensoras do meio ambiente.
7. Denúncia da política do governo neofascista que estimulou as agressões ao meio ambiente, às queimadas e à caça ilegal.

10. Respeito às diversas crenças religiosas e defesa da liberdade de religião *versus* utilização da religião como fator de manipulação política e ideológica

Deus, Pátria, Família e Liberdade é um lema que tem sido utilizado por Bolsonaro. Deus, Pátria e Família era utilizado pelos integralistas, movimento de extrema-direita inspirado no fascismo italiano. Tal lema deixa claro a influência fascista sobre as ideias do bolsonarismo.

O viés fascista do ex-presidente se expressa em seus ataques contra todos que se opõem à sua pauta reacionária. Ela afirmou que a CNBB (Conferência Nacional dos Bispos do Brasil) e o CIMI (Conselho Indigenista Missionário) "são a parte podre da Igreja católica"[194].

Isso porque eles criticavam o governo federal anterior e defendiam a vida e os mais pobres.

A estratégia de comunicação dos evangélicos veio dos Estados Unidos, por intermédio do pastor norte-americano Billy Graham. Ele pregava que as pessoas deveriam despertar sua fé não só com palavras, mas com emoções. E dava ênfase à "missão redentora dos Estados Unidos", além de fazer uma forte pregação anticomunista.

O fundamento teológico dos neopentecostais, particularmente da Igreja Universal, reside na Teologia da Prosperidade. Tal concepção teológica é uma manifestação clara de apoio ao capitalismo e ao governo norte-americano. Ela se opõe à Teologia da Libertação, que enfatiza a defesa dos mais pobres.

---

[194] Modino, Luis Miguel. *Bolsonaro sobre os bispos brasileiros*: "eles são a parte podre da igreja católica". Tradução de José Langer. Adital, Unisinos, 17 de outubro de 2018. Disponível em: https://www.ihu.unisinos.br/categorias/188-noticias-2018/583781-bolsonaro-sobre-os-bispos-brasileiros-eles-sao-a-parte-podre-da-igreja-catolica

A luta pela pauta moral intensificou, nos evangélicos, a consciência, ou inclinação, para a construção de um Estado cristão.

O crescimento das igrejas neopentecostais teve como resultado o aumento da influência evangélica no terreno político, com a ampliação de sua bancada no Congresso Nacional.

Conservadora nos costumes, a bancada evangélica é contra a legalização do aborto, a descriminalização das drogas, o casamento homoafetivo e a criminalização da homofobia. Ela defende o endurecimento da legislação antidrogas, em relação ao Estatuto da Família restringe o conceito de família à união de homem e mulher. É a favor da Escola Sem Partido e prega o "fim da doutrinação de esquerda" e da "ideologia de gênero" nas salas de aula. Apoiou as medidas econômicas e sociais de interesse do governo neofascista.

A pauta dos costumes – divulgada maciçamente nas redes sociais, utilizando mentiras como o chamado "Kit Gay" – teve importante papel na mobilização eleitoral dos evangélicos em apoio à candidatura de Bolsonaro.

Há uma vigorosa manipulação do sentimento religioso das camadas mais pobres da população pela cúpula da maioria das igrejas evangélicas. Tal manipulação tem um objetivo eleitoral, em sintonia com a ideologia conservadora e os objetivos do neoliberalismo e da política norte-americana.

O respeito às crenças religiosas relaciona-se à defesa da democracia, do respeito aos diferentes credos e opções religiosas e ideológicas. O sentimento religioso está presente na grande maioria dos brasileiros, tanto entre católicos, evangélicos, como entre outras crenças.

Por isso mesmo, é fundamental uma separação entre a atitude dos dirigentes da maioria das igrejas evangélicas e o sentimento de milhões de fiéis que se submetem a essa lógica na falsa ideia de que estão seguindo o caminho de Deus.

Diante desse quadro, será importante que os religiosos democratas, tanto evangélicos como católicos ou de outras religiões, unam-se para o desenvolvimento de uma ação, destacadamente junto às camadas pobres da população, em defesa de valores caros aos cristãos, como a solidariedade, a ajuda mútua, a defesa da ética não só individual, mas também social, e a crítica à manipulação política da religião.

Vale recordar que, na preparação do golpe militar de 1964, a religião católica foi largamente utilizada para dar suporte à ação golpista. Os católicos conservadores, contando com o apoio e presença do norte-americano padre Peyton, é que organizaram as Marchas da Família pela Liberdade.

1. Defesa da separação da igreja do Estado, conforme a Constituição.
2. Defesa da liberdade religiosa e crítica à manipulação política do sentimento religioso.
3. Mostrar, com fatos, a manipulação religiosa.
4. Importância de que os cristãos das mais diferentes igrejas se unam para demonstrar o antagonismo entre o ódio e a discriminação com os valores religiosos.
5. Tratamento diferenciado a ser dado aos fiéis e aos pastores bolsonaristas.
6. Defesa da fraternidade, não discriminação e solidariedade.
7. Aproximação com os setores mais progressistas das igrejas católicas, evangélicas e outras, que defendam o Estado laico e se posicionem contra a manipulação dos fiéis para propósitos político-eleitorais.

11. Defesa do nacionalismo democrático *versus* entreguismo transvestido de nacionalismo

A política internacional do ex-presidente foi de apoio incondicional e automático ao governo Trump dos Estados Unidos. Tal posicionamento representou um rompimento com a política de respeito à soberania dos povos, não ingerência, defesa da paz, universalidade nas relações exteriores, integração continental, não alinhamento, entre outros princípios adotados por diferentes governos no curso dos últimos anos. Tais concepções são decorrentes do disposto no artigo 4º da Constituição Federal de 1988.

Bolsonaro e seus aliados atacaram a China, nosso principal parceiro comercial, e conduziram o país a um afastamento do BRICS (Brasil, Rússia, Índia, China e África do Sul), gerando problemas para o Brasil.

Na América do Sul, o governo neofascista hostilizou a Venezuela, saiu da União de Nações Sul-Americanas (Unasul) e uniu-se aos governos mais à direita no Continente.

Nas reuniões internacionais, que discutiam temas como trabalho (OIT), Direitos Humanos (Conselho da ONU) e meio ambiente (COP), as posições brasileiras somavam-se às dos países de governos mais reacionários e avessos a esses temas.

A submissão à política de Trump, inclusive batendo continência para a bandeira norte-americana e a entrega de setores importantes da economia brasileira, deixou claro o falso nacionalismo de Bolsonaro e seus seguidores.

Durante o governo Bolsonaro, o Brasil tornou-se um pária na política internacional.

A Constituição brasileira define, em seu artigo 1º, inciso I, entre seus fundamentos, a soberania do país, que diz respeito à sua capacidade de definir sua política interna e internacional sem interferências de potências estrangeiras.

O exercício da soberania nacional, num país em desenvolvimento, necessita da participação do Estado na atividade econômica. Sem isso ele não terá condições de se desenvolver e adotar políticas econômicas e sociais que assegurem o desenvolvimento com distribuição de riquezas.

A submissão à política neoliberal impede a afirmação da soberania nacional. E a política internacional de submissão aos interesses norte-americanos distancia o país de uma relação aprofundada com os países em desenvolvimento.

1. Crítica ao entreguismo de Bolsonaro e a sua falsa defesa da pátria.

2. Com dados, mostrar a submissão econômica, política e nas relações internacionais aos interesses dos Estados Unidos, contra os interesses do Brasil.
3. Defesa da soberania nacional e do patrimônio do País.
4. Reafirmação da histórica política internacional independente do Brasil.
5. Adotar o internacionalismo como perspectiva central na luta pela soberania nacional.
6. Defesa de uma política internacional segundo os interesses do país.

12. Redes sociais para defender a verdade dos fatos e a democracia *versus* redes sociais para veicular *fake news* e atacar a democracia

Bolsonaro foi eleito presidente da República contando com o apoio da extrema-direita, com o uso eficiente das redes sociais e de *fake news*. A direita fascista acabou tendo nele seu expoente, que foi lançado rapidamente pelo Brasil através de plataformas como Google, Facebook, Twitter, YouTube, Instagram.

Sua campanha montou uma rede de profissionais treinados para produzir conteúdo que explorasse as emoções das pessoas – principalmente o medo e o ódio. A equipe usou principalmente o WhatsApp para fazer disparos de conteúdo em massa.

Depois de eleito, manteve essa rede – inclusive apelidada de "gabinete do ódio" – para manter sua base de seguidores aglutinada e pronta para disseminar sua propaganda. Já como presidente, Bolsonaro optou pela estratégia de estabelecer uma comunicação direta com a sua base através dos seus perfis nas redes sociais – Facebook, Instagram, Youtube – e dos perfis institucionais. Realizou *lives* semanais e pautou sua agenda política e ideológica de forma "direta".

Ao lado disso, seu governo institucionalizou as violações à liberdade de expressão e os ataques a jornalistas e veículos de comunicação como prática política. Usou seu perfil nas redes para atacar comunicadores, opositores, para disseminar mentiras, como no caso gravíssimo das questões envolvendo a pandemia da Covid-19, ao defender o uso do tratamento precoce, atacar as vacinas e o isolamento social.

Assim, o presidente de extrema-direita usou as plataformas privadas de redes sociais para fazer sua Guerra Cultural e manter coesa uma base de apoiadores. Elas não possuem mecanismos de regulação e não têm nenhuma transparência sobre seus critérios de distribuição e moderação de conteúdos.

As *fake news* foram e são determinantes nas redes sociais da extrema-direita.

Notícias mentirosas sempre estiveram presentes no curso da história, sobretudo nos períodos de conflitos políticos e guerras.

Com a internet, o potencial de veicular informações falsas foi massificado. O termo *fake news* já existia, mas ganhou força com a campanha presidencial de Donald Trump e passou a ser veiculado amplamente pela direita para conquistar a hegemonia ideológica.

Tais setores passaram a divulgar ideias falsas, concepções negacionistas sobre a história, as mudanças climáticas, a origem da pandemia, a negação da ciência, entre outras. O mesmo ocorreu no Brasil.

Bolsonaro e os bolsonaristas utilizaram a mentira para enganar a população. Como candidato, em entrevista ao Jornal Nacional, em 28 de agosto de 2018, mostrou um livro que seria parte do que foi chamado "kit gay", afirmando que a edição estaria disponível em bibliotecas de escolas públicas. A informação era falsa. O Ministério da Educação lançou nota à imprensa negando que distribuía tais livros, publicados no Brasil pela editora Companhia das Letras.

Foi mentirosa, também, a notícia de que Manuela d'Ávila (PCdoB), candidata a vice-presidente na chapa de Fernando Haddad (PT), teria afirmado que o cristianismo vai desaparecer e que "nós somos mais populares do que Jesus Cristo neste momento".

Foi divulgado um vídeo falso em que colocava Adélio Bispo de Oliveira, autor do atentado contra Bolsonaro, como próximo ao ex-presidente Lula. Era uma montagem. O material manipulado digitalmente foi compartilhado em redes sociais, inclusive pelo senador Magno Malta, apoiador do ex-presidente. Ele postou a imagem enganosa no Twitter e escreveu "Olha em que time joga o marginal".

Outras falsidades, durante a campanha eleitoral de 2018, também foram desmentidas posteriormente: Marina Silva teria invadido uma fazenda no Acre. Ciro Gomes agredido a atriz Patrícia Pillar. A apresentadora Fátima Bernardes, da TV Globo, teria pago por uma reforma na casa do homem que deu uma facada em Jair Bolsonaro.

Após as eleições, a extrema-direita continua lançando *fake news* para fragilizar o governo Lula.

Diante da vitória eleitoral do presidente Lula e do malogro da tentativa golpista, a extrema-direita lançou *fake news* para confundir a população, verdadeiras piadas de mau gosto, tentando responsabilizar o próprio Lula ou membros do governo pela tentativa frustrada de golpe.

Nesse sentido foi refutada a *fake news* que atribuída ao ex-ministro do Gabinete de Segurança Institucional Gonçalves Dias de ter arquitetado os atos golpistas do dia 8 de janeiro[195].

Apoiadores extremistas do ex-presidente têm unido esforços para disseminar *fake news* sobre os desdobramentos do ataque à sede dos três Poderes, Brasília, no dia 8 de janeiro. O foco dos radicais agora é espalhar mentiras na tentativa de desvincular o nome de bolsonaristas do movimento contrário à eleição democrática do presidente Luiz Inácio Lula da Silva.

Diante da gravidade das consequências das inundações no Rio Grande do Sul, estudiosos em meio ambiente responsabilizam

---

195 *Atos Antidemocráticos*. Secretaria de Comunicação Social, 10 de maio de 2023. Disponível em: https://www.gov.br/secom/pt-br/fatos/brasil-contra-fake/noticias/2023/05/e-falso-que-ex-ministro-do-gsi-disse-que-governo-lula-arquitetou-8-1.

o prefeito de Porto Alegre, Sebastião Melo (MDB), e o governador Eduardo Leite (PSDB) por não terem preparado a cidade e o estado adequadamente para enfrentar o desastre climático que atingiu o Rio Grande do Sul. Mas, nas redes de extrema-direita, a culpa recaiu toda sobre o presidente Lula.

Ele e alguns ministros têm sido os principais alvos de notícias falsas sobre a tragédia. O pano de fundo da disputa ideológica é um só: as eleições municipais de outubro, que habitualmente servem de termômetro para as gerais, como a de 2026[196].

Ultimamente tem havido um conluio entre as redes sociais de extrema-direita e a grande imprensa para atacar o governo Lula em função de sua política econômica e do combate aos juros altos.

1. Mostrar o papel das *fake news* na desestabilização de governos progressistas no Brasil e na América Latina.
2. Com fatos comprovados, identificar as mentiras de Bolsonaro e dos bolsonaristas.
3. Ressaltar o papel da verdade dos fatos para a democracia.
4. Mostrar que a Constituição assegura a liberdade de opinião, condicionada aos limites da lei. Todavia esta liberdade não é absoluta. Não existe a liberdade de opinião para cometer crimes.

13. Defesa da regulação das big techs *versus* crítica à regulação sob o falso argumento da liberdade de opinião

A regulação das redes sociais passou a ser discutida e regulamentada em vários países do mundo. No Brasil tramitou na Câmara Federal o Projeto de Lei nº 2.630, que teve suspensa sua

[196] Lessa, Henrique; Grecchi, Fabio. Notícias falsas sobre crise no RS têm eleição como alvo. *Correio Braziliense*, 03 de junho de 2024. Disponível em: https://www.correiobraziliense.com.br/politica/2024/06/6869512-mentira-faz-da-eleicao-pano-de-fundo.html.

votação, fruto da ação coordenada pelas big techs, com o apoio da extrema-direita.

Trata-se de um projeto fundamental. A definição dos riscos de difusão de conteúdos ilícitos, a definição de princípios e objetivos deixam clara a essência do projeto: a defesa da democracia, o estímulo à informação e o combate à desinformação, tão prejudicial ao Estado democrático de direito. Um argumento suscitado pelos que se opuseram ao projeto é o de que ele seria contra a liberdade de expressão. Nada mais falso!

A extrema-direita defende uma liberdade de expressão absoluta. Todavia, não existe liberdade de expressão absoluta. O PL 2.630 assegura a liberdade de expressão conforme a Constituição e os tratados internacionais. Em seu artigo 1°, ele define que "as vedações e condicionantes previstos na Lei não implicarão restrição ao livre desenvolvimento da personalidade individual, à livre expressão e à manifestação artística, intelectual, de conteúdo satírico, religioso, político, ficcional, literário ou qualquer outra forma de manifestação cultural".

Sobre a liberdade de expressão, o ex-ministro do STF, Celso de Mello, citando o artigo 5°, incisos V e X, da Constituição, destacou que "A liberdade de palavra, expressão relevante do direito à livre manifestação do pensamento, não se reveste de caráter absoluto" (Inquérito nº 4.435).

Em artigo intitulado *Pode-se, em nome da democracia, propor a sua extinção?*, os constitucionalistas Lênio Streck e Marcelo Cattoni destacam que "Palavras são atos. Em nome da liberdade de expressão, não se pode defender acabar com ela. Assim, está vedado, como condição de possibilidade de, em nome de uma suposta liberdade de expressão, alguém se voltar exatamente contra as próprias bases do Estado Democrático de Direito. E isso está vedado sob pena de autodestruição"[197].

E, ainda, tanto a *CONVENÇÃO AMERICANA SOBRE DIREITOS HUMANOS* como o *PACTO INTERNACIONAL DOS*

---

[197] Oliveira, Marcelo A. Cattoni de; Streck, Lenio L. *Pode-se, em nome da democracia, propor sua extinção?* Consultor Jurídico, 22 de junho de 2020. Disponível em: https://www.conjur.com.br/ 2020-jun-22/streck-cattoni-nome-democracia-propor-extincao/.

DIREITOS CIVIS E POLÍTICOS, ao lado de estabelecerem a liberdade de expressão, fixam seus limites, deixando claro que ela não é absoluta.

Setores religiosos questionaram o projeto em relação à liberdade religiosa. A Constituição, em seu artigo 5º, inciso VI, afirma que "é inviolável a liberdade de consciência e de crença, sendo assegurado o livre exercício dos cultos religiosos e garantida, na forma da lei, a proteção aos locais de culto e as suas liturgias". E o texto do PL 2.630 dispõe que "o livre exercício da expressão e dos cultos religiosos, seja de forma presencial ou remota, é a exposição plena dos seus dogmas e livros sagrados".

O projeto, portanto, atende aos princípios constitucionais que asseguram a liberdade religiosa.

A campanha desenvolvida contra a regulamentação das redes sociais é desenvolvida pelas bigh techs e pela extrema-direita em todo o mundo sob o falacioso argumento da livre expressão do pensamento.

Como foi visto, a falta de regulamentação das bigh techs e dos algoritmos coloca a democracia em grave risco e contribui para o crescimento do negacionismo e da extrema-direita.

A regulamentação das bigh techs passou a ser uma questão central na luta em defesa da democracia e do Estado Democrático de Direito. A falta de tal regulamentação levou o Supremo Tribunal Federal a adotar medidas contra a enxurrada de *fake news*. E a atual presidenta do Tribunal Superior Eleitoral, ministra Carmem Lúcia, em sua posse, fez uma firme defesa do combate às *fake news*.

Foi criada uma Comissão na Câmara para elaborar uma nova proposta de regulação das big techs. Todavia a composição altamente conservadora da Câmara e a forte bancada evangélica não nos permitem ter muita esperança. A mobilização popular é o caminho indispensável para assegurar algum avanço, haja vista o que ocorreu com a "PEC do Estupro".

A regulação das big techs é essencial para a democracia. O PL 2.630 foi bem elaborado, enfrentava os principais problemas e era constitucional. A ação das bigh techs e da extrema-direita impediram sua aprovação. Apesar da nova Comissão para elaborar uma nova proposta, nada de positivo será aprovado se não dermos a esse tema a importância que ele tem, transformando-o em algo decisivo para o futuro da democracia.

Enquanto essa regulamentação não sai, cabe ao STF e ao TSE exercerem o papel de controle na defesa das instituições.

Agora vem à tona a atitude arrogante do milionário Elon Musk que, além de não acatar a decisão do Supremo, ataca o ministro Alexandre de Moraes. Como se não bastasse a Embaixada Norte-Americana no Brasil, numa afronta à soberania do país, declara que a "liberdade de expressão" é pilar fundamental de uma democracia saudável. No caso, não se trata de liberdade de expressão e sim de não cumprimento de ordem judicial para impedir a continuidade da difusão de *fake news* e desrespeito à legislação brasileira.

Mais um fato para demonstrar a importância e a urgência da regulação das bigh techs. É inaceitável conviver com essa situação em que milionários se colocam acima das leis brasileiras para garantir seus lucros e difundir ideias da extrema-direita.

A primeira turma do Supremo Tribunal Federal confirmou a decisão do ministro Alexandre de Moraes. Em seu voto, o ministro Flávio Dino afirmou que o poder econômico e o tamanho da conta bancária não fazem nascer uma esdrúxula imunidade de jurisdição e que a liberdade de expressão não protege contra violações ao ordenamento jurídico. E acrescentou ainda que, em um cenário em que poucas empresas concentrem todo poder de controle das plataformas digitais, acarreta gravíssimos riscos as regras serem ditadas por autocratas privados que se esquivam de suas responsabilidades, não se importando com os riscos sistêmicos e as externalidades negativas que seus negócios geram.

1. Mobilização da sociedade em defesa da regulação das bigh techs.
2. Discutir e estabelecer mecanismos para construir processos democráticos e passíveis de escrutínio público dos algoritmos das redes sociais.

3. Defender que a Política Nacional de Proteção de Dados Pessoais, elaborada no âmbito da Autoridade Nacional de Proteção e Dados, seja discutida com ampla participação da sociedade, de forma democrática e voltada efetivamente para a proteção de Direitos.
4. Criar regras para o uso do poder econômico em campanhas políticas/eleitorais, no interior das Plataformas de Redes Sociais (anúncios, impulsionamentos e patrocínios), para evitar distorções no debate sobre esses temas.
5. Criar mecanismos para impedir o disparo em massa de mensagens em plataformas de mensageria (WhatsApp, Telegram) que distorcem o debate público a partir do abuso de poder econômico.
6. Aprofundar a discussão sobre os limites para a liberdade de expressão, a partir de um amplo diálogo público que defina parâmetros democráticos para impedir o abuso desse direito e o uso de discurso de ódio para intoxicar a esfera pública de debates.
7. Defender políticas públicas de universalização do acesso à internet.
8. Defender políticas que objetivem a construção de uma soberania digital no Brasil.
9. Defender políticas públicas para o desenvolvimento e uso de *softwares* livres no Brasil.
10. Defender a luta pela democratização dos meios de comunicação que passa por aprovar políticas públicas de regulação para o setor econômico da comunicação.

14. Defesa da democracia e da Constituição *versus* ataques à democracia e à Constituição

Os ataques à democracia e à Constituição foram uma constante no governo Bolsonaro e seus aliados. O autoritarismo neoliberal foi a marca de seu governo. Ele defendeu abertamente a ditadura e a tortura. Prestou homenagem ao torturador Brilhante Ustra. Quando das manifestações populares no Chile, afirmou que elas só ocorreram porque a ditadura acabou.

Fez ameaças às instituições, particularmente ao Congresso e ao Supremo Tribunal Federal. Ameaçou com o retorno do AI-5 e da Lei de Segurança Nacional. Defendeu a excludente de ilicitude para militares, em ações contra as manifestações populares e a aplicação da Garantia da Lei e da Ordem para o campo.

Durante a pandemia, ameaçou acionar as Forças Armadas contra as medidas de restrição estabelecidas por governadores, afirmando que

> "O que eu me preparo, não vou entrar em detalhes (...). Já falei que essa política do lockdown, do toque de recolher, essa política de 'fique em casa' (...). Isso é um absurdo".

Em Manifesto intitulado *Basta*, juristas afirmaram: "o presidente da República faz de sua rotina um recorrente ataque aos Poderes da República, afronta-os sistematicamente. Agride de todas as formas os Poderes constitucionais das unidades da Federação, empenhados todos em salvar vidas. Descumpre leis e decisões judiciais diuturnamente porque, afinal, intitula-se como a própria Constituição. O país é jogado ao precipício de uma crise política, quando já imerso no abismo de uma pandemia que encontra no

Brasil seu ambiente mais favorável, mercê de uma ação genocida do presidente da República"[198].

O ministro Edson Fachin afirmou ser "intolerável e inaceitável qualquer tipo de 'pressão injurídica'" sobre o Judiciário, diante da revelação do general Villas Bôas sobre pressão feita contra o STF quando do julgamento do *habeas corpus* de Lula[199].

Fato relevante, no sentido de resgatar o devido processo legal e a democracia, foram as decisões do Supremo Tribunal Federal anulando os processos de Lula e considerando o ex-juiz Moro parcial no julgamento do ex-presidente[200]. Tal decisão jogou por terra toda a manipulação, feita pelo ex-juiz Moro e Dallagnol, contra Lula.

Outro fator atentatório à democracia foi a declaração de Bolsonaro no sentido de armar os grupos de extrema-direita. Na reunião ministerial de abril de 2020, ele afirmou que "Povo armado jamais será escravizado".

Evidentemente ele não estava se referindo a armar os trabalhadores urbanos e rurais, os jovens e mulheres, mas sim seus apoiadores de extrema-direita.

Seguindo essa política, ampliou o número de categorias que poderiam ter porte de arma, aumentou o número de armas e munições que poderiam ser compradas, aumentou a validade do porte de arma, zerou o imposto de importação de revólveres e pistolas, entre outras medidas.

O objetivo era claro: armar sua milícia fascista para impor seus objetivos autoritários, preparando-se para uma eventual ruptura institucional. Ele e seus seguidores estimularam atos contra a democracia, contra o Supremo, o Congresso e a imprensa, num evidente atentado à Constituição.

No dia do seu 66° aniversário, ele disse a apoiadores, em frente ao Palácio da Alvorada, que "só Deus" o tiraria da presidência

---

198 Longo, Ivan. "Basta!": juristas compram página inteira da Folha e do Estadão para divulgar manifesto contra Bolsonaro. *Revista Fórum*, 30 de maio de 2020. Disponível em: https://revistaforum.com.br/politica/2020/5/30/basta-juristas--compram-pagina-inteira-da-folha-do-estado-para-divulgar-manifesto-contra-bolsonaro-76085.html.

199 *FSP*, 15 de fevereiro de 2021.

200 STF, 15 de abril de 2021.

da República. "Pode ter certeza, minha força vem de Deus e de vocês. Enquanto eu for presidente, só Deus me tira daqui. Eu estarei com vocês". E ainda declarou que as Forças Armadas brasileiras ficariam ao seu lado caso fosse colocado para fora do Executivo. "Contem com as Forças Armadas pela democracia e pela liberdade", disse. Continuou em tom de ameaça, numa crítica aos governadores, por conta do isolamento social, afirmando: "Estão esticando a corda". "Não abriremos mão desse poder que vocês me deram na ocasião das eleições. Fizemos o maior projeto social do mundo que é o auxílio emergencial. Agora, o que o povo mais pede para mim 'eu quero trabalhar'. Ninguém quer viver de favor do Estado e abrir mão de sua liberdade. Vamos vencer essa batalha. Estamos do lado certo. Não queremos que o país mergulhe no socialismo"[201].

Repetiu o tempo todo sua ameaça de golpe, de ruptura institucional. Mas não ficou só na ameaça.

Após as eleições, Bolsonaro e seu seguidores instigaram a tentativa golpista de 8 de janeiro de 2023. E empresários a financiaram enviando um grande número de pessoas em ônibus.

Uma importante base da tentativa golpista de 8 de janeiro de 2022 foi o acampamento situado no Setor Militar Urbano (SMU). Área proibida para ocupações por lei (Decreto-Lei nº 3.437/1941), mas para preparar a tentativa golpista ela foi liberada.

De acordo com o relatório da Comissão Parlamentar Mista de Inquérito (CPMI) dos Atos do Dia 8 de janeiro de 2023, cinco mil e quinhentas pessoas estavam no acampamento no sábado, dia 7 de janeiro – quantidade muito superior aos 300 manifestantes que ocupavam o local, dois dias antes, em 5 de janeiro.

Dali, os bolsonaristas partiram, por volta das 13 horas, não encontrando nenhuma resistência por parte dos militares da PM do Distrito Federal. Às 17h50, de Araraquara (SP), o presidente Lula decretou a intervenção federal na Secretaria de Segurança Pública do Distrito Federal. O interventor Ricardo Capelli convocou todo efetivo de segurança para a Esplanada para efetuar o maior número possível de prisões e expulsar os golpistas da área.

[201] Poder 360, 21 de março de 2021.

A tentativa golpista mostrou o desespero dos bolsonaristas com a derrota eleitoral. Não foram suficientes, para assegurar-lhes a vitória, as ameaças de militares, o uso da Polícia Rodoviária para dificultar a votação no Nordeste, as ameaças de empresários para pressionar o voto de seus trabalhadores, o papel das igrejas neopentecostais indicando voto em Bolsonaro. Tudo foi em vão!

A liderança de Lula e o forte apoio popular impuseram uma importante derrota à extrema-direita, com uma vitória histórica da democracia.

Todavia, até agora só foi para as prisões o escalão inferior do bolsonarismo. Os financiadores dos atos, a liderança política que participou, estimulou e financiou os eventos terroristas, e principalmente Bolsonaro, continuam impunes.

Os democratas exigem que os responsáveis pelos atos golpistas necessitam responder por seus atos. Não podemos conviver com a impunidade!

1. Com base nas declarações e nos atos praticados por Bolsonaro e seus aliados, demonstrar seu caráter autoritário e o desrespeito à democracia e à Constituição.
2. Ressaltar a importância da democracia e do respeito à Constituição como o caminho para a construção de um país mais justo.
3. Julgamento e condenação dos responsáveis pelos atos terroristas de 8 de janeiro particularmente do ex-presidente Bolsonaro.
4. Defesa da democracia e da Constituição.
5. Defesa das instituições, em particular do STF.
6. Defesa da liberdade de opinião, conforme as leis brasileiras.
7. Defesa do devido processo legal.
8. Defesa da estrita subordinação das Forças Armadas às Instituições Civis.
9. Defesa da reformulação do ensino militar no país, para dar ênfase à defesa da democracia e da soberania nacional.

10. O Ministério da Defesa não é órgão de representação dos militares, mas instituição político-administrativa de chefia das Forças Armadas, representando o poder civil.
11. Projeto em defesa da vida, da distribuição da riqueza, democracia e soberania *versus* projeto autoritário neoliberal

Na luta ideológica, além de abordar problemas específicos, como os colocados no programa acima, é fundamental demonstrar como tais questões fazem parte de um sistema de ideias e crenças que compõem um projeto para o país.

Conhecer quais são esses projetos contribui para uma compreensão melhor do que está em jogo. Tais projetos fundamentam-se em concepções de mundo completamente opostas.

De um lado, uma concepção de mundo que prioriza o coletivo, defende a solidariedade humana, a justiça social, combate a política do ódio e do armamentismo, a discriminação de raça, gênero e defende a democracia e a soberania nacional. De outro, uma concepção de mundo individualista, de fundo religioso conservador, que defende a teologia da prosperidade, o capitalismo, prega o ódio aos adversários, discrimina a comunidade LGBTQIA+ e ataca a democracia e apoia as posições de Bolsonaro.

O projeto autoritário neoliberal despreza a vida, agrava as condições de vida da maioria da sociedade, agride o meio ambiente, prega o ódio e a discriminação social, racial e de gênero, propaga *fake news*, e organizou um governo antinacional e antidemocrático.

O projeto de desenvolvimento sustentável, de defesa da vida, da justiça social, da distribuição da renda, da soberania nacional, do respeito aos Direitos Humanos, ao Meio Ambiente, à soberania nacional e à democracia, apoiou a eleição de Lula com ampla defesa dos objetivos acima.

II

Luta ideológica em torno de questões mais urgentes

O plano de luta ideológica em torno dos problemas imediatos tem como objetivo identificar questões que a luta quotidiana impõe à pauta política. Exemplo vitorioso de uma luta ideológica democrática recente foi o chamado PL do Estupro, projeto de lei que visava equiparar o aborto assegurado pelas leis brasileiras a crime. Medida que se voltaria contra moças menores e pobres, com uma absurda imposição de penas de 25 anos, maior que do estuprador.

A tática adotada foi identificar o projeto como PL do Estupro, tocando no sentimento das pessoas e mobilizando a sociedade, particularmente as mulheres atingidas por esse abominável projeto.

Dentre questões incorporadas à luta de ideias mais imediata, pode-se destacar:

1. Autonomia do Banco Central.
2. Ênfase no desenvolvimento econômico e social e não no combate à inflação.
3. Corrupção de Bolsonaro e seus filhos com destaque às joias.
4. Manipulação do sentimento religioso.
5. Liberdade de expressão absoluta.
6. Tentativa golpista.

Criação de plataformas unificadas para a luta ideológica democrática

A criação de plataformas nas redes sociais é o caminho mais adequado para colocar em prática a luta em defesa das ideias democráticas e progressistas. Os setores progressistas já dispõem de plataformas e realizam a batalha da luta de ideias.

Contudo, dada a importância dessa frente de luta – sobretudo a partir da constatação de que a extrema-direita tem estado à frente da esquerda com sua Guerra Cultural –, torna-se indispensável a organização de uma frente política para enfrentar essa situação, que cria dificuldades para a implementação do projeto de reconstrução do país.

O que se propõe é uma unificação das Fundações partidárias, para um combate conjunto da extrema-direita, em torno de um programa de luta de ideias. Para isso será decisivo organizar uma potente plataforma que, para ser exitosa, necessitará contar com o suporte de cientistas sociais, psicólogos, neurocientistas e engenheiros de programação.

Também será importante a articulação de uma rede de influenciadores baseada sobretudo na juventude.

Para viabilizar uma inciativa como essa, será necessária uma unificação de esforços dos movimentos políticos progressistas. Mas não será suficiente a vontade política. Serão necessários recursos.

É bom ter presente que a monetização de plataformas tem sido um importante meio para viabilizar iniciativas como essa.

Anexo

Socialismo renovado

Socialismo do Século XXI

A análise da experiência do socialismo atual é importante para refutar a falsa tese do Fim da História. Os regimes sociais nascem, desenvolvem-se e são substituídos por novas formas de organização social.

Também está superada a tese do fim da metanarrativa. Os fatos vêm mostrando que o socialismo é possível, sob uma nova forma, o socialismo renovado.

O exemplo da China com o socialismo de mercado indica nessa direção. Esse modelo incorpora os aspectos dinâmicos do capitalismo sob orientação do socialismo. Ele implica o controle do Estado dos setores estratégicos da economia com a participação do capital privado, inclusive internacional. Tem uma economia planejada pelo Estado visando ao desenvolvimento econômico, social e regional, com ênfase em educação, ciência e tecnologia.

A experiência de construção do socialismo acumulou importantes lições que lançam luzes sobre o socialismo renovado, o socialismo do século XXI. A crise do modelo socialista da União

Soviética permitiu compreender a complexidade da transição de um regime econômico-social para outro.

A propaganda e os teóricos do capitalismo, como Francis Fukuyama, afirmaram, diante da crise da primeira experiência socialista, que havíamos chegado ao "fim da história" com a vitória definitiva do capitalismo e da democracia liberal sobre o socialismo.

A vida vai demonstrando, cada vez mais, a inconsistência científica desta conclusão. A evolução da humanidade mostra que a transição do sistema feudal para o capitalista foi um processo de avanços e recuos. Após a vitória da Revolução Francesa, a monarquia retornou. Todavia, como a afirmação deste novo regime econômico-social era uma exigência objetiva e contava com um amplo apoio popular, na continuidade os objetivos da revolução burguesa tornaram-se vitoriosos em toda a Europa.

O mesmo fenômeno ocorre em relação à revolução socialista. E a crise do capitalismo está recolocando o marxismo e socialismo na ordem do dia.

Uma importante lição na luta pelo socialismo é a de que não há modelos universais para a construção do socialismo. As características políticas, econômicas, sociais, ambientais e culturais de cada país é que definem as características do socialismo a ser construído. A incompreensão deste processo, fruto de uma visão antidialética e dogmática de setores marxistas, conduziu à tentativa de importar modelos completamente desligados de nossa realidade.

O mesmo ocorre com a questão do caminho da revolução. Aí, também, o dogmatismo se manifestou diante da importação do caminho chinês da Guerra Popular ou do caminho "foquista". Tais caminhos não surgiam das condições objetivas e nem do sentimento das amplas massas dos brasileiros.

A vida tem demonstrado que a questão da luta armada não é uma questão de princípios no marxismo, e sim decorre da situação concreta de cada país em cada momento histórico.

A liberdade política socialista é questão fundamental para assegurar o apoio das massas e a consequente estabilidade do regime de transição para o socialismo.

A capacidade de dar novas respostas aos problemas surgidos está intimamente ligada à teoria e à ciência. O dogmatismo que imperou por um bom tempo entre os marxistas impediu que pudessem ter um papel mais destacado no processo revolucionário de muitos países.

Lênin dizia que não há revolução sem teoria revolucionária. O mesmo pode ser dito em relação à construção do socialismo. Seus quadros dirigentes necessitam de bases teóricas marxistas para formular respostas aos problemas surgidos no curso da construção do socialismo.

Os lutadores pelo socialismo necessitam reconquistar, junto ao povo, a esperança no socialismo como um caminho libertário, caminho de um novo avanço civilizacional[202].

Segundo informações da Federação Nacional dos Sindicatos dos Trabalhadores da China, há uma elevação dos salários dos trabalhadores seja em função da necessidade de mão de obra especializada nas indústrias de alta tecnologia, seja em função da política governamental de elevação salarial.

O capital estatal controla apenas de 6% a 7% da economia na China, mas está nos setores estratégicos da produção, com 60% do total da produção industrial. Há associação entre o capital estatal e o privado e empresas privadas de propriedade de chineses e estrangeiros.

A presença do capital estrangeiro é marcante. Firmas norte-americanas, europeias, coreanas e japonesas estão presentes de forma visível nas ruas seja pelos seus edifícios, seja pela quantidade de carros estrangeiros de alto luxo.

A propriedade da terra é do Estado. Os camponeses recebem um quinhão para explorá-la por 70 anos, tendo liberdade de vender sua produção. Na época das Comunas Agrícolas, a produção era coletiva. Os trabalhadores rurais recebiam uma participação na venda dos produtos, fixada pela comuna. Com esta política, que substituiu a das Comunas Populares, a agricultura da China cresceu bastante.

---

[202] Arantes, Aldo. *Alma em Fogo* – memórias de um militante político. São Paulo: Anita Garibaldi, 2013, p. 425.

Certos setores, na China, consideram que na economia de mercado a terra deve ser privada. Todavia, nela há muita gente para pouca terra cultivável. Por isto o governo separou a propriedade da terra do seu uso.

O processo de desenvolvimento tem elevado bastante o padrão de vida da população. As pessoas andam bem vestidas e no geral têm emprego. E mesmo no campo se observa a elevação da renda.

Estive na China e obtive a informação de que, em várias comunidades rurais, houve uma duplicação da renda anual, nos últimos anos, de 1.500 yuans para 3.600.

No entanto, este modelo de desenvolvimento tem gerado um segmento de empresários de altíssima renda. Esta nova burguesia representa 80% dos empresários existentes no País e são chamados para participar nas estruturas de poder. Aí reside um complexo problema que pode conduzir a um retrocesso social no País, se o poder fugir do controle do Partido Comunista da China e a mentalidade capitalista passar a predominar.

Esta nova situação pode ser observada na região próxima das embaixadas, em Pequim. Ali existe uma área comercial e turística que nada deixa a dever para as cidades mais desenvolvidas do mundo.

Em todas as cidades em que estivemos observa-se uma grande quantidade de carros de alto luxo, como Audi, Mercedes, Hyundai, Corolla, Honda, Volks e outras marcas. Os carros da Federação Nacional de Sindicatos eram Audi de luxo.

Apesar do crescimento da economia e da elevação do nível de vida da população, existem regiões, sobretudo no campo, onde a pobreza persiste apesar do trabalho realizado pelo governo.

Em Pequim pudemos ver algumas poucas pessoas pedindo esmola, se bem que vestidas de forma decente. Em Qu Fu, cidade turística, havia um maior número de pedintes, mas mesmo assim pequeno para os padrões latino-americanos.

A quantidade de automóveis gera uma verdadeira confusão no trânsito onde parece não haver uma legislação eficiente e um controle policial do trânsito.

O desenvolvimento do País é planejado e dirigido pelo Partido Comunista da China visando ao crescimento da economia e à melhoria do nível de vida da população. O papel do partido não se resume ao planejamento da economia, mas exerce uma direção efetiva na aplicação das medidas de elevação da produção e da produtividade. Em comunidades rurais que visitamos, foi destacado o papel do partido em iniciativas de elevação da produção e da renda dos camponeses. A tarefa partidária volta-se mais para a atividade econômica do que a política.

A China tem um sistema político composto por quatro instâncias de direção política: a Assembleia Popular; a Cooperação e Consulta Política sob direção do PCCH; e o Sistema de autonomia regional. Além do Partido Comunista da China, existem no País mais oito partidos políticos.

No nível de base, a eleição é realizada diretamente. Nela, são eleitos os representantes aos níveis superiores, sendo a eleição nestes níveis indireta. Com o desenvolvimento, amadurece o sistema econômico e político da China.

O meio ambiente é hoje uma questão importante para o governo chinês. Todavia, na fase inicial da aplicação da política de reforma e abertura da economia, o desenvolvimento acarretou grave contaminação. Naquela fase os governos locais não tinham consciência e conhecimento da questão ambiental e muitas empresas contaminaram o ambiente.

No início daquela fase, absolutizava-se o desenvolvimento econômico e não se considerava a proteção ao meio ambiente. A partir de 1990, passou a ser adotada uma política de investimentos na área ambiental. E todo projeto econômico tem que levar em conta a questão ambiental. Então, foram elaboradas leis sobre o meio ambiente.

O governo tem dado grande atenção ao desenvolvimento de novas tecnologias de controle do meio ambiente, como o desenvolvimento de tecnologia de redução da emissão de carbono do carvão, pois esta é a matriz principal da energia da China. Na Rio+20, o País apresentou-se como a campeão mundial em energia solar e eólica.

A adoção de enérgicas medidas em defesa do meio ambiente determinou o fechamento de várias fábricas químicas e de produção de papel. O tratamento da questão ambiental é cada vez enfático no País.

Durante a visita, foi destacado o papel da cultura milenar chinesa em seu modelo atual de desenvolvimento. Estivemos em Qu Fu, cidade natal de Confúcio, nascido em 460 antes de Cristo. Sua filosofia pregava a construção de uma sociedade harmoniosa.

Os camponeses são incluídos no sistema saúde. Há poucas organizações privadas. Mas o governo estimula a ampliação dos hospitais privados, afirmando que só o governo não consegue resolver o problema.

Dirigentes partidários nos informaram que o modelo do socialismo de mercado, do socialismo com características chinesas, baseia-se em três vertentes: o socialismo científico de Marx, o mercado de Adam Smith e a sociedade harmoniosa de Confúcio.

Tal modelo de desenvolvimento representa um novo caminho de construção do socialismo, com a incorporação dos elementos dinâmicos do mercado, tradição cultural do povo chinês e economia planificada, visando à construção do socialismo em seus estágios superiores. O governo chinês avalia que o País vive uma fase primária do socialismo. O objetivo futuro é avançar para a construção de uma sociedade medianamente desenvolvida.

Como tudo na vida, riscos existem. Todavia a vitória obtida até agora pelo PCCh e pelo povo chinês indica o rumo acertado deste novo modelo. A vida demonstrou que a tentativa de acelerar o processo de socialização não deu resultado. Não levava em conta que, na fase de transição do capitalismo ao socialismo, era necessário construir uma forte base material. Para isso, necessitava incorporar os elementos dinâmicos do capitalismo para contribuir com o desenvolvimento das forças produtivas.

A experiência socialista da União soviética fracassou por vários motivos, entre os quais o atraso do desenvolvimento tecnológico, a centralização exagerada da economia, a estatização de setores não estratégicos da economia, a burocratização, entre outras razões.

Entretanto, é fundamental destacar que a experiência do socialismo na União Soviética foi fundamental para o processo de transição do capitalismo para o socialismo. Conforme a ciência indica, os avanços só são possíveis quando se reafirmam os aspectos positivos de uma determinada experiência e se corrigem seus aspectos negativos.

O modelo de desenvolvimento da China está calcado em uma longa e sofrida história do povo chinês. Percorrendo caminhos tortuosos, a liderança do PCCh concluiu que era necessário construir um modelo de desenvolvimento com características chinesas e não importar modelos de construção do socialismo.

Cabe pontuar que a China desenvolve-se celeremente. Cada vez que lá estive encontrava grandes novidades.

E a imprensa noticia significativos avanços na economia, no desenvolvimento social, tecnológico e ambiental.

Posfácio

Uma nova plataforma para a luta política

GLEISI HOFFMANN

A proposta de uma plataforma do campo popular e de esquerda, para o enfrentamento da extrema-direita na chamada Guerra Cultural, presente neste livro de Aldo Arantes, é mais uma contribuição deste bravo militante da luta pela transformação social do Brasil, no rumo de uma sociedade livre, justa e democrática.

Ao colocar em perspectiva histórica o papel da Guerra Cultural na luta política e social, Aldo ilumina e enriquece um debate essencial para a compreensão das novas e poderosas formas da dominação capitalista, conservadora e neoliberal.

O livro resgata, com critério e propriedade, a fundamentação teórica de uma sólida análise das transformações decorrentes da crise global do capitalismo e da manipulação de novas tecnologias de comunicação no mundo de hoje.

Aldo Arantes aplica o rigor de sua análise ao cenário político, social e econômico do Brasil. Resgata o processo de submissão de sucessivos governos, desde a ditadura militar, aos interesses do capital financeiro global e a maneira como tais interesses foram desafiados nos governos do PT e nosso aliados.

Destacando a dimensão fundamental da luta ideológica, o livro descreve os instrumentos e métodos da extrema-direita, a serviço do neoliberalismo, oferecendo propostas efetivas para combatê-los no âmbito da Guerra Cultural.

Aldo Arantes analisa ainda os episódios recentes da luta política e social no Brasil, do golpe do *impeachment* contra a presidenta Dilma Rousseff à terceira eleição do presidente Lula. E o faz destacando a centralidade da luta contra o fascismo e a extrema-direita em nosso país, do resgate e defesa da democracia para impedir novos retrocessos e fortalecer a luta pela transformação da sociedade.

Este livro é o testemunho do compromisso teórico e prático de Aldo Arantes, um militante político raro, por sua coerência e dedicação de toda uma vida à construção do socialismo e contra a opressão em suas mais diversas formas.

Mentes Capturadas: A Guerra Cultural na Era da Pós-Verdade

Sálvio Kotter

Já na abertura o livro me impressiona pela profundidade com que aborda um tema tão atual e relevante. A obra põe em discussão a ascensão da extrema-direita no Brasil e no mundo, mas situando-a dentro de um contexto histórico de "Guerra Cultural". Conceito aqui utilizado para explicar como uma estratégia, meticulosamente planejada, tem sido usada para defender o neoliberalismo e os interesses que ele representa.

Também logo de início, o autor faz uso do conceito de hegemonia de Gramsci, um nome de peso na teoria política, para nos mostrar como a extrema-direita tem conseguido exercer dominação ideológica. Segundo Gramsci, a hegemonia acontece quando um grupo consegue dirigir a sociedade civil, gerando consensos, enquanto o Estado atua pela coerção. Aldo Arantes nos apresenta de maneira clara como, no atual contexto, enquanto o Estado utiliza a força, as elites dominantes moldam a visão de mundo por meio de think tanks, mídia e redes sociais. Ele cita o engenheiro Charles Koch como um exemplo emblemático dessa "linha de produção" de ideias neoliberais, que acabam por se transformar em políticas públicas e movimentos sociais financiados por grandes interesses empresariais.

O livro toca em um ponto sensível ao abordar o ***lawfare***, uma prática que foi amplamente utilizada na perseguição de líderes de esquerda, especialmente durante a Operação Lava Jato no Brasil. O autor destaca como as *fake news*, amplificadas pelas redes sociais, reforçam preconceitos e criam verdadeiras bolhas de opinião, onde o diálogo é inexistente e apenas se reforçam os próprios vieses. Agrada quando a isso Arantes chama de uma era de pós-verdade, onde a emoção se sobrepõe à razão e a verdade é constantemente relativizada.

Me chamou a atenção a forma como Arantes trata o papel das **Forças Armadas**. Ele leva a refletir sobre a influência política delas desde a Constituinte de 1988 e sobre o risco que essa influência representa para a democracia. Arantes questiona a persistência da Doutrina de Segurança Nacional, profundamente enraizada no pensamento militar, e defende a necessidade de uma reformulação no ensino militar, com foco na proteção da democracia e da soberania nacional.

Outra parte do livro que achei especialmente relevante foi a crítica ao **capitalismo de plataforma**. Aldo Arantes denuncia como as grandes empresas de tecnologia, as chamadas Big Techs, controlam nossos dados, moldam comportamentos e influenciam decisões políticas. Essa nova forma de controle, muitas vezes invisível aos nossos olhos, é, para ele, uma ameaça direta à democracia. Eu, particularmente, concordo com sua visão de que essas plataformas ajustam nossos comportamentos políticos através de algoritmos e que a regulamentação dessas empresas é uma questão urgente, necessária para proteger nossa privacidade e garantir nossa liberdade de escolha.

Quando o autor passa a discutir a **ascensão da extrema-direita**, ele vai além de uma simples análise política, apresentando uma crítica contundente ao neoliberalismo e à sua relação direta com esse movimento. Arantes nos convida a refletir sobre o papel da luta ideológica, da educação política e da mobilização popular como ferramentas indispensáveis para resistir ao avanço do autoritarismo e da desinformação.

Agrada a referência que Arantes faz ao pensador **Raymond Williams**, autor do meu gosto, para reforçar suas ideias. Williams, ao lado de Gramsci, conecta a hegemonia ao que ele chama de **"estrutura de sentimento"**. Para Williams, as emoções — como medo, ódio e fé — desempenham um papel fundamental na luta ideológica, sobretudo em um cenário onde as redes sociais amplificam esses sentimentos. Arantes usa essa ideia para mostrar como a extrema-direita não apenas impõe suas ideias racionalmente, mas também domina o campo emocional, manipulando sentimentos coletivos. Isso me fez refletir sobre como a esquerda, muitas vezes, subestima essa dimensão emocional. É essencial focar na verdade e no pensamento crítico, mas é igualmente vital entender a luta pelo coração e as emoções das pessoas, como Williams e Arantes tão bem colocam. Arriscaria dizer que neste passo algumas pitadas de *Psicologia das Massas e Análise do eu*, do Freud, poderiam vir a calhar.

O título **"Domínio das Mentes"** reflete de maneira muito precisa o que Arantes parece nos querer mostrar: a extrema direita vem moldando a opinião pública de forma estratégica, buscando conquistar a hegemonia ideológica e o controle sobre o pensamento das massas. Através de *fake news*, da exploração de emoções como medo e ódio, e do ataque sistemático às instituições culturais e educativas, um movimento que vai criando inimigos internos e manipulando a visão de mundo da sociedade.

Algo que me chamou muito a atenção foi a discussão sobre o papel das **Big Techs** na disseminação das ideias da extrema-direita. Arantes mostra como a falta de regulamentação dessas gigantes tecnológicas, aliada ao uso de algoritmos que priorizam o engajamento ao invés da verdade, cria um ambiente favorável à proliferação de *fake news* e discursos de ódio. Ele menciona, à guisa de exemplo, as eleições de Donald Trump e Jair Bolsonaro, onde essas ferramentas foram usadas de forma estratégica para manipular a opinião pública. Como ele coloca, a regulamentação das Big Techs é urgente, se quisermos garantir uma democracia saudável e combater a desinformação.

Ao abordar os **direitos trabalhistas**, Aldo Arantes traz uma crítica muito pertinente ao avanço do neoliberalismo, que busca desmantelar as conquistas históricas da classe trabalhadora. Um exemplo claro disso é a Reforma Trabalhista de 2017, que ele descreve como um grande retrocesso, precarizando o trabalho e enfraquecendo as proteções legais que existiam. A análise do autor sobre o enfraquecimento dos sindicatos é igualmente importante, já que demonstra como essa estratégia faz parte de um plano maior para desmobilizar os trabalhadores e reduzir sua capacidade de resistência.

O **neoliberalismo**, por sua vez, é retratado como um dos pilares centrais da **Guerra Cultural**. Para Arantes, a defesa do livre mercado e a desregulamentação econômica, que ganharam força a partir dos anos 1970, aprofundaram as desigualdades sociais e fragilizaram as democracias. Ele nos mostra como o neoliberalismo criou um terreno fértil para o autoritarismo e a ascensão da extrema-direita, e propõe uma alternativa: um modelo que promova o desenvolvimento social, a justiça econômica e a participação ativa do Estado na garantia dos direitos sociais.

No final, Arantes destaca a **Guerra Cultural** como um projeto de hegemonia da extrema-direita, travado através da manipulação da opinião pública, do revisionismo histórico e da criação de inimigos internos. Ele argumenta que, no Brasil, esse movimento é liderado por grupos empresariais, militares, lideranças religiosas e intelectuais conservadores, todos trabalhando para perpetuar o neoliberalismo e desestabilizar qualquer projeto progressista.

Eu afirmaria sem medo de errar que **Domínio das Mentes** é uma leitura essencial para quem busca entender o atual cenário político, não apenas no Brasil, mas no mundo. Aldo Arantes oferece uma análise clara, profunda e extremamente necessária para debater a ascensão da extrema-direita, a crise democrática e a urgência da mobilização popular. É, sem dúvida, um livro que recomendo a todos que se interessam por política, economia e o futuro da nossa sociedade.

Bibliografia

ARANTES, Aldo. *Alma em fogo*: memória de um militante político. São Paulo: Anita Garibaldi/ Fundação Maurício Grabois, 2013.

ARANTES, Aldo *et al. Tudo por um triz*: civilização ou barbárie. Volume 2 / organização de João Cezar de Castro Rocha. Curitiba: Kotter, 2022.

ARANTES, Aldo. *Mudanças climáticas*: fundamentos científicos e políticos. 1ª ed. São Paulo: Anita Garibaldi, 2012.

ARANTES, Aldo. *O FMI e a nova dependência brasileira*. Série 1ª, volume 41. São Paulo: Alfa-Ômega, 2002.

ARANTES, Aldo; STRECK, Lênio; CATTONI, Marcelo; MONT'ALVERNE, Martônio; ALARCON, Pietro. *Por que a Democracia e a Constituição estão sendo Atacadas?* 2ª tiragem. Rio de Janeiro: Lumen Juris, 2019.

BOCK, Ana *et al. Reconstruir a democracia*: União de amplas forças políticas e sociais para a luta ideológica. Organização de Aldo Arantes. São Paulo: Expressão Popular/ Anita Garibaldi, 2021.

BORÓN, Atilio A. *Filosofia política marxista*. Tradução de Sandra Trabucco Valenzuela. São Paulo/ Buenos Aires: Cortez/ CLACSO, 2023.

CAMPOS, Andrea Almeida *et al. Tudo por um triz*: civilização ou barbárie. Volume 1 / organização de João Cezar de Castro Rocha. Curitiba: Kotter, 2022.

CARVALHO, Olavo de. *O imbecil coletivo*: atualidades inculturais brasileiras. 2ª ed. Rio de Janeiro: Record, 2018.

CASIMIRO, Flávio Henrique Calheiros. *A nova direita*: aparelhos de ação política e ideológica no Brasil contemporâneo. 1ª ed. São Paulo: Expressão Popular, 2018.

COSTA, Helbert. *ChatGBT explicado*: o guia definitivo sobre esta e outras inteligências artificiais. Porto alegre, Citadel, 2023.

COUTINHO, Carlos Nelson. *Fontes do Pensamento Político*. Volume 2. Porto Alegre: L & PM, 1981.

D'ANCONA, Mattew. *Pós-verdade*. 1ª ed. Barueri: Farol, 2018.

EMPOLI, Giuliano Da. *Os engenheiros do caos*. 1ª ed. São Paulo: Vestígio, 2020.

FISHER, Max. *A máquina do caos*: Como as redes sociais reprogramam nossa mente e nosso mundo. Tradução de Érico Assis. 1ª ed. São Paulo: Todavia, 2023.

GRAMSCI, Antonio. *Cadernos do cárcere*. Volume 3. Edição e tradução de Carlos Nelson Coutinho; coedição de Luiz Sérgio Henriques e Marco Aurélio Nogueira. Rio de Janeiro: Civilização Brasileira, 2000.

GRAMSCI, Antonio. *O leitor de Gramsci*: escritos de 1916-1935. Organização de Carlos Nelson Coutinho. Rio de Janeiro: Civilização Brasileira, 2011.

KORYBKO. Andrew. *Guerras híbridas*: das revoluções coloridas aos golpes. 1ª ed. São Paulo: Expressão Popular, 2018.

LEE, Kai-Fu. *Inteligência Artificial* – Como os robôs estão mudando o mundo, a forma como amamos, nos relacionamos, trabalhamos e vivemos. 1ª ed. Rio de Janeiro: Globo, 2019.

MASCARO, Alysson Leandro. *Crítica do fascismo*. 1ª ed. São Paulo: Boitempo, 2022.

MATTEI, Clara. *A ordem do capital*: como economistas inventaram a austeridade e abriram caminho para o fascismo. 1ª ed. São Paulo: Boitempo, 2023.

MIGUEL, Luis Felipe *et al*. *O ódio como política*: a reinvenção das direitas no Brasil. 1ª ed. São Paulo: Boitempo, 2018.

NETO, Manuel Domingos. *Comentários a um delírio militarista*. 1ª ed. Fortaleza: Gabinete de Leitura, 2022.

O'NEIL, Cathy. *Algoritmos de destruição em massa*: como o big data aumenta a desigualdade e ameaça a democracia. 1ª ed. Santo André (SP): Rua do Sabão, 2020.

PALÁCIO, Fábio. *Sob o céu de junho*: as manifestações de 2013 à luz do materialismo cultural. São Paulo: Autonomia Literária, 2023.

PEIXOTO, Madalena Guasco. *A condição política na pós-modernidade*: a questão da democracia. São Paulo: EDUC, 1998.

REIS, Helena Esser dos; JUNIOR, Osmar Pires Martins. *Lawfare como ameaça aos Direitos Humanos*. 2ª ed. Goiânia: Cegraf/ UFG, 2021.

ROCHA, João Cezar de Castro. *Bolsonarismo*: da guerra cultural ao terrorismo doméstico: Retórica do ódio e dissonância cognitiva coletiva. 1ª ed. Belo Horizonte: Autêntica, 2023.

ROCHA, João Cezar de Castro. *Guerra cultural e retórica do ódio*: crônicas de um Brasil pós-político. Posfácio de Cláudio Ribeiro. 1ª ed. Goiânia: Caminhos, 2021.

SOUZA, Jessé. *A elite do atraso*. Rio de Janeiro: Estação Brasil, 2019.

SOUZA, Jessé. *A guerra contra o Brasil*. Rio de Janeiro: Estação Brasil, 2020.

SRNICEK, Nick. *Capitalismo de Plataformas*. 1ª ed. Ciudad Autónoma de Buenos Aires: Caja Negra, 2021.

TEITELBAUM, Benjamin R. *Guerra pela eternidade*: o retorno do Tradicionalismo e a ascensão da direita populista. Tradução de Cynthia Costa. Campinas (SP): Unicamp, 2020.

ZUBOFF, Shoshana. *A era do capitalismo de vigilância*: a luta por um futuro humano na nova fronteira do poder. 1ª ed. Rio de Janeiro: Intrínseca, 2020.

Biografia do Autor

Advogado, mestre em Ciência Política pela UnB, Coordenador Nacional da Associação Nacional de Advogados e Advogadas pela Democracia, Justiça e Cidadania (ADJC), dirigente da Comissão de Defesa da República e da Democracia do Conselho Federal da OAB e membro da Direção Nacional do PCdoB.

Foi presidente da União Nacional dos Estudantes (UNE). Após a Anistia, foi deputado federal por quatro mandatos, pelo estado de Goiás, sendo constituinte em 1988. Autor dos projetos de lei que legalizaram a União Nacional de Estudantes (UNE), a União Brasileira de Estudantes Secundaristas (UBES) e que asseguraram a autonomia política à cidade de Anápolis. Foi vereador de Goiânia.

Lutou na clandestinidade, por 11 anos, contra a ditadura militar, tendo sido preso e torturado.

Como Secretário do Meio Ambiente do estado de Goiás, coordenou o Movimento em Defesa do Rio Araguaia.

Exerceu o cargo de Diretor Executivo do Programa de Expansão da Educação Profissional do Ministério de Educação e Cultura.

Foi Secretário da Comissão Especial de Mobilização para a Reforma Política da Ordem dos Advogados do Brasil e representante da Ordem na Coalisão Pela Reforma Política Democrática e Eleições Limpas.

Livros publicados

Juntamente com Haroldo Lima, é autor de *História de Ação Popular – da JUC ao PCdoB*.

Autor dos livros *O FMI e a Nova Dependência*; *Alma em Fogo – Memórias de um Militante Político*; *Reforma Política e Novo Projeto para o Brasil*.

Coordenou os seguintes livros: *Meio Ambiente e Desenvolvimento – Em busca de um compromisso*; *Mudanças Climáticas – Fundamentos Científicos e Políticos*; e *OAB e Reforma Política Democrática*.

É organizador e um dos autores do livro *Por Que a Democracia e a Constituição Estão Sendo Atacadas?* juntamente com Lênio Streck, Martônio Mont'Alverne, Marcelo Cattoni e Pietro Alarcon.

E também organizador e autor do livro *Reconstruir a Democracia – união de amplas forças políticas e sociais para a luta ideológica*, que foi elaborado pelo Grupo Interdisciplinar de Estudos da Guerra Cultural composto por advogados, professores, psicólogos sociais, *hackers*, especialistas em redes sociais e neurocientista.

pólen bold 90 gr/m2
tipologia calisto mt
impresso na primavera de 2024